小野一光

人殺しの論理

凶悪殺人犯へのインタビュー

GS
幻冬舎新書
524

プロローグ

アクリル板で仕切られた殺風景な拘置所の面会室が、幾度も顔を合わせた相手との今生の別れの場となる。そういう経験が何度かあった。

この面会時間を限りに、目の前にいる相手の生きている姿は、二度と見ることができなくなる。なぜならば、彼らが次に拘置所を出ることができるのは、命の灯が消えたときだけだからだ。しかもそれまでの間、親族や弁護士でもない私とは、手紙をやりとりすることも、面会することも許されていない。

それが死刑の確定した被告人と、取材者である私に突きつけられる現実である。

相手は、その判決で明らかなように、凶悪犯罪に関わっている。さらに具体的にいえば、何人もの命を奪っている。ときには命乞いする相手を殺め、またあるときには複数でひとりを殺めるなど、その犯行内容は酸鼻《さんび》を極めるものばかりだ。

とはいえ、同じ相手と長期間にわたって面会を繰り返し、手紙のやりとりを重ねていくうちに、その人物の人間的な部分が見えてくることがある。たとえ凶悪犯であっても、そうして心を通わせるようになった相手との、未来永劫の別れには、やはり一抹の寂しさがつきまとう。

私がこれまでに直接会ってきた殺人犯のなかで、本書執筆時に死刑判決が確定しているのは五人。そのうち二人に関しては、そうした気持ちをとくに強く抱いた。

だからいまだに臨時ニュースなどで、「本日×名の死刑が執行された」といった見出しが現れると、胸を締めつけられるような感覚に襲われる。

ああ、××でなければよいが、と。

そしてしばらくしてから、ニュースで刑が執行された死刑囚の名前が出て、当該の人物ではないことを確認すると、胸を撫で下ろすというのが常だ。

自分自身の想像力の乏しさ故かもしれないが、死刑判決を受ける被告人に何度も会うということが、そのような感情を呼び起こすものだとは、予想もしていなかった。

死刑執行の一報に過敏な反応を見せる私は、それと同時に、被害者遺族に対する罪悪感にも襲われる。ごく一部の例外を除いて、遺族からすれば加害者という存在は、紛れもなく憎しみの対象である。その加害者の無事に胸を撫で下ろす私がいるのだ。悲しみに暮れる遺族に対して申し訳ないという気持ちが湧き上がってくる。

実際に、かつて取材をした、息子を殺された母親から電話がかかってきたことがある。

「小野さんは××について悪く書かないんですね」

咎める口調で彼女は言った。××とは彼女の息子を殺害した男である。私は××とは拘置所で面会を続け、その一方で被害者の母である彼女からも話を聞き、雑誌の記事を作成した。そこでは××との面会を続けるなかで、彼に人間的な魅力があることに気づいたことが書かれていた。

私はありのままを書いたつもりでいたが、それを不快に感じる母親の心情に配慮が足りなかったことを身に染みて感じた。

人の命というものが、一度失われると取り返しのつかないものである以上、事件取材、とりわけ殺人事件の取材は、多くの絶望を目の当たりにすることになる。

肉親を失った遺族の多くが、犯行からいくら年月を経てもなお、〝そのとき〟から時間が動いていないことを知っている。私が彼らから感じた絶望は、筆舌に尽くし難いほどに、深い。

先の電話をかけてきた母親は、取材で家を訪れた私に、静かな口調で言っていた。

「歳は取ります。時間は過ぎます。でも、私の心のなかの時計は、止まったままなんですよ……」

彼女は、失った息子がいまだに家に戻ってくるのではないかと信じ、事件から十年が経過しても、当時の住まいから引っ越せずにいた。前言に続いて口にした言葉が耳にこびりついて離れない。

「やっぱり自分がお腹を痛めて産んだ子供ですから。いまも、××（息子）はあの世で私のことを待っててくれてるって思うんです。……わかるでしょ？　だから、矛盾してるんです。あの世で待っててねって言う自分と、家に帰ってくるのを待っている自分がいるんです。おかしいんですね。本当に、おかしいんですよ。でも、おかしくならなきや、生きていられないんです」

殺人事件は、被害者遺族だけでなく、加害者親族も不幸にする。東京・埼玉連続幼女誘拐殺人事件で一九八九年に逮捕され、のちに死刑が執行された宮崎勤の父は九四年に自殺した。また、二〇〇八年に発生した秋葉原通り魔事件で死刑が確定した加藤智大《ともひろ》の弟も、一四年に自殺している。その他、同様のケースは数多い。

殺人事件の取材は、多くの絶望を目の当たりにすると書いたが、それだけではない。不幸のただなかにいる被害者遺族や加害者親族、双方の関係者に対して、記者を名乗る第三者が「話を聞かせてもらえないか」と土足で踏み込む作業なのだ。それこそ数限りない拒絶を経験することになる。

新聞社やテレビ局などに入社し、報道部に配属された新人記者のほとんどは警察担当、いわゆる「サツ担」という仕事を経験させられる。それは、「事件取材にはあらゆる取材に求められる要素が詰まっている」という考えによるものだ。実際、悲しみや怒り、不安や不信と直接対峙し、事件の真相に近づこうとする取材には、忍耐力や判断力、さらには相手の感情の機微に敏感になる能力などが求められる。

事件取材を二十年以上にわたって続けてきた私だが、いまだに殺人犯に面会を申し込む際には緊張し、被害者遺族や加害者親族などに取材しようとする前には気が重くなる。正直言って、なぜ自分がこの仕事を続けているのか不思議でならない。少なくとも、カネを稼ぐための仕事という認識であれば、とっくに放棄しているはずだ。事件取材とは、それほどに神経を磨り減らす仕事であるということは断言できる。

ではなぜ会社員の職務でもないのに、フリーランスである私がこの仕事に携わるのか。根底にあるのは、人間に対する興味なのだと思う。若い頃からカンボジアやアフガニスタン、イラクなどの紛争地帯を取材し、人の死が身近にある現場を訪ね歩いてきた。そこで悲惨な状況を目にするたびに、人間はなぜこのような愚行を繰り返すのだろうかとの疑問を抱き続けた。殺人事件についても同じだ。被害者側も加害者側も不幸になるというのに、なぜ事件は繰り返されるのか。それを知る手がかりになればとの一縷《いちる》の望みが、事件取材を続ける原動力となっている気がしてならない。

懲りずに事件取材に関わり続ける私だが、馬齢と場数を重ねることによって、変化してきたことがある。若い時分はとにかく相手から話を「聞き出す」ことだけを求めてきた。それは空いている器の中身をとにかく埋めなければ、との強迫観念に近いものから生じた行動だったと思う。しかしいまは少し違う。相手が自分一人の胸のうちに留めておけないものを「受けとめる」ということを理想とするようになった。

つまりそれは、こちらから強引に話を引き出そうとはせずに、相手から溢れ出た話の受け皿になるということを意味する。

取材というのは、そもそもが相手の心を少なからずかき乱す行為だ。だからこそ、可能な限り相手の負担は小さくしなければならない。そしてできることならば、自分に話すことで、相手がこれまで抱えてきた負担を軽減させる助けになるよう努力する必要がある。

もちろん、すべてがそのように上手くいくわけではない。これまでに数多くの失敗と過ちを重ね、取材という大義名分で人の心を傷つけてしまったとの自覚がある。だからこそ、それらの反省と後悔の末に導き出した結論が、かかる取材方法を選択させた。

これから取り上げるのは、そんな私がどのように殺人事件の取材を重ねてきたかということの記録である。もちろん、未熟だった時代も含め、包み隠さず明かしていくつもりだ。

またこれらの記録は同時に、平穏に生きる人々にはまったく関係ないと思われる殺人犯という存在が、じつは決して遠い存在ではないということを伝えるものでもある。

人殺しの論理／目次

第4章　角田瑠衣の後悔
――尼崎連続変死事件　135

DTP 美創

第1章　事件記事の裏側

――取材現場で何が起こっているのか

まずは現場の住所を推理する

殺人事件の現場へ取材に向かう――。

その言葉だけを聞くと、ハードボイルドな展開を思い浮かべるかもしれない。しかし私が仕事をしている雑誌メディアでの事件取材には、それに続く言葉がある。

「で、現場ってどこ？」

つまり、駆けつけようにも行き先がわからない。そんな、まったくハードボイルドではない始まり方をするのが現実である。

新聞やテレビなどは記者クラブに加盟しているため、事件が発生した場合に警察からの広報がある。配布される広報文には事件の概要、発生日時、犯行現場の住所、被害者の住所、職業、年齢などが書かれている。さらに犯人が逮捕された事案であれば、加害者の住所、職業、年齢なども加わる。なお、最近は警察の意向により広報される事件の数は減ってきており、各警察本部によって異なるが、被害者や加害者について匿名で発表されるケースが増えていることを付記しておく。

これに対して、記者クラブに非加盟の出版社から仕事を請け負う私は、そういった恩恵を受けることはない。そのため現場の住所を割り出すために、新聞記事に記載された枝番のない住所を参考にしたりする。たとえば××市△△区○○町という大まかなところしかわからない段階で現場に向かう。事前にテレビのニュースなどを見る機会があれば、画面に住所のヒントが映り込んでいないか目を凝らす。電柱の住所表示が出れば最高だが、そうでなくても商店や会社の看板などが出てくれば、そこから辿ったりする。

映像でのヒントがない場合は、おおよその住所の近くの駅にあるタクシー乗り場に行き、客待ち中の運転手に尋ねてまわり、現場を知っている車があれば、連れていってもらう。たまに知り合いの新聞やテレビの記者に情報の横流しをしてもらうこともあるが、そのためには普段からの交流が必要であり、やっと仲良くなって情報を貰えるようになった途端、相手が異動で担当を外れるという笑えない話もよくある。

雑誌メディアが追う〝腐らないネタ〟とは

そのように、犯行現場などの住所探しですら苦労する雑誌メディアの事件取材だが、ほかにもハンディとなる事柄は数多い。

たとえば事件については、新聞やテレビの記者と、雑誌で仕事をする者とでは、取材開始のタイミングからして明らかな差がある。

週刊誌の記者や私のようなフリーライターが、発生直後に事件の現場へ到着するということは滅多にない。まず新聞やテレビ、さらにはネットニュースが事件を大々的に報じ、事件の内容に編集部が興味を持てば、それから動き出すということがほとんどだ。

しかも週刊誌には、原稿が完成してから発売までの間にタイムラグがある。たとえば木曜日発売の週刊誌は、入稿日が月曜日で、ギリギリまで情報の追加が可能な校了日は火曜日だ。しかしこれが月曜日発売の週刊誌となると、タイムラグの幅は広がり、入稿日は前週の水曜日で、校了日は木曜日となる。

つまり木曜日発売の週刊誌の場合、事件が水曜日に起きてしまうと、その翌週の木曜日までは記事を出せない。月曜日発売の週刊誌についていえば、事件発生が金曜日だったりすると、その記事を掲載できるのは翌々週の月曜日と、さらに間隔が開く。

この間にも速報性を売りにしたほかのメディアは続報を出し続けているわけで、それらと対抗するためには、切り口の異なる、いわゆる〝腐らないネタ〟が求められる。それはたとえば、加害者や被害者に近しい人物による「独占告白」といった種類のものだ。だが、そうであるにもかかわらず、現場に入ることができるのは、明らかに遅れを取ったタイミングだということは、すでに記した通りだ。

取材に辟易している人から話を聞く技術

現場に到着してからは、地道に周辺を歩き、被害者や加害者に通じる情報を聞いてまわるのだが、その時点で現場のまわりは、たいてい〝荒らされて〟いる。大事件の場合、新聞やテレビは記者を大量に投入するローラー作戦で話を聞いてまわる。彼らが通り過ぎたあとの現場は、日に何度もインターフォンを押されて辟易とした人々だらけだ。「いいかげんにしろ」と怒鳴られることもある。

ここまで書いていて身につまされるが、スタートの段階で有利なことはなにもない。いつも始まりは周回遅れ。しかも荒らされまくった現場で、さてどうしたものかと思案するのは毎度のことだ。

こうした不利な状況を逆転するために私が実践しているのは、飲食店では実際に食べて飲むということ。もちろん、一般住宅への聞き込みを酔った状態でするわけにはいかないため、飲酒についてはそれらを終えたあとということになるが、食事やコーヒーを出している店であれば、かならずなにかを頼むようにしている。

これはじつは、新聞やテレビといった時間に追われるメディアの逆手を取った、締め切りまでにいささか余裕のある雑誌メディアだからできる手法である。飲食を商売にしている店にとって、なにも頼まずに話だけを聞きに来る記者は、往々にして商売の邪魔になるだけだ。しかし、そこで商品を頼んで実際に口にする相手の場合、やはり対応に変化が現れてくる。

飲食店で〝客〟になることのメリット

二〇一二年十二月十二日に兵庫県警本部内の留置施設で自殺した角田《すみだ》美代子や、その周辺の者によって、十人以上の死者・行方不明者を出した〝尼崎連続変死事件〟の取材をしていたときのことだ。私は角田美代子が通っていたというお好み焼き屋に立ち寄った。

店の引き戸を開けると、小型ビデオカメラを持ったテレビ局の記者が二人いて、店主の女性にレンズを向けてなんとか話を聞き出そうとしていた。二人は私を見ると、なんだこいつはといった不快感を露わにした表情を浮かべた。

「おばちゃん、ビールと豚玉ちょうだい」

私は構わずに店主の正面に位置するカウンターに座り、注文した。

「はいよ」

店主は表情を変えずに注文を聞き、ビールを出して豚玉焼きを作り始めた。私は無言でビールを飲む。立ったまま店内にいる二人の記者は、目の前の〝一般客〟の存在に居たたまれなくなったのか、「すいません、また来ます」と帰っていった。

店主と二人きりになったところで、彼女は顔を上げ、私に笑顔を向けて言った。

「お兄ちゃんも報道の人やろ？」

「はい、そうです」

二人で笑った。そして店主は口にした。

「さっきの二人みたいなんばっか来んねん。なーんも頼みもせんと、営業妨害やっちゅう話やねん。お兄ちゃんはちゃんと頼んでくれたからな。これまで誰にも話してないこと教えたるわ。あんな……」

このように、飲食店は客として訪れると、どこかに入り込む余地が生まれるのである。さらに、いったん商品を出して、こちらが食べたり飲んだりしていると、すぐに「帰れ」とは言い出せない状況になりやすい。

報道関係者お断りのスナックで取材が許された理由

殺人事件ではないが、四十代の女が自分の娘に好意を寄せた中学生の男子生徒を性的に虐待。同容疑で逮捕されたあとに、自身が経営するスナックで未成年の少女たちに売春をさせていたことが発覚するという事件があった。その事件を取材した際も、容疑者のスナックがある雑居ビルには多くの記者が詰めかけた。

私が現場に入れたのは、事件発覚から三日後。そのため、当然ながら周囲は荒らされていた。同じ階のスナックなどは軒並み、報道関係者お断りという状況である。そこで現場に合わせたラフな服装で、開店直後のスナックに一見《いちげん》客を装って入り、まずはボトルを注文した。そして出てきた酒を口にしてから、おもむろに取材で来ていることを明かして詫びたのである。さらに、「今日は一切話を聞きませんから。普通に客として飲ませてもらえないでしょうか」との言葉を付け加えた。実際、その夜の私は、事件についてはなに一つ尋ねずに、世間話をしながら飲んだのである。

途中、背広を着た記者が何人もやってきた。彼らが「あの……」と口にすると、ママは「すいません。うち取材はお断りなんです」と切り返す。当然、私は一般客のように振る舞うのだが、人間心理とは不思議なもので、ママと私との間に〝共犯意識〟が生まれてくる。そしてしばらく飲んでから、帰り際に、「すみません。また明日、このボトルを飲みに来てもいいですか？」と尋ね、快諾される流れを得たのだった。

翌日の〝取材〟では、ママがあれこれと教えてくれた。未成年に売春をさせている実態や容疑者の背後関係、さらにはこの店に行けば知り合いがいる、等々。ニュースで取り上げられていない話が次々と出てきた。そんなときにこそ、事件取材をやっていて良かったと実感する。まさに知らない話を知る快感とは、そういうことで生まれたりするのだ。

現場によって服装を使い分ける

この店の取材をした際に、私は「現場に合わせたラフな服装」という表現を使ったが、じつはこれも事件取材において重要なことなのではないかと思っている。新聞記者に顕著なのだが、彼らはたいていどこの現場にもスーツ姿で現れる。それはたしかに、失礼のない服装なのだが、事件に関係する現場によっては、そうした〝かたくるしい格好〟では、浮いてしまうことも少なくない。また、相手に警戒心を抱かせることにも繋がる。

だから私は、向かう現場によって服装を使い分けるようにしている。ラフな服装の人が多い地域では同じようにラフな服装を、逆にそうでない地域では、襟付きシャツにジャケットといった服装を選ぶ。べつにラフな服装とはいえ、作業着を着たり、ニッカボッカを穿けというわけではない。あくまでも地域にとけ込み、自然に言葉を交わすことができるかどうかが大切だということだ。

〝雑談の延長線上〟の会話で相手の警戒心を解く

違和感のない服装について触れたが、これは初めて会った相手との会話の持っていき方にも共通する。

いくら取材とはいえ、大上段に「取材をしているんで話を聞かせてほしい」と言われると、たいていの人は困惑する。それまで記者という職種の相手に会ったことのない人にとって、自分の発言がメディアに取り上げられる可能性があるということは、好奇心以上に不安にさらされるものだ。ましてや話しかけてきた相手が、どのような人物なのかもわからない状況なのである。面倒なことに巻き込まれることを避けるためにも、「なにも知りませんので」と、たとえ知っていることがあっても口にしてしまう。

そのため、取材ではあるのだが、雑談の延長線上にあるようなかたちを取るのが望ましい。たとえば、庭木に水をやっている中年男性がいたとする。それを塀越しに見て「どんな花が咲くんですか？」や「この木の剪定は自分でやってるんですか？」といった、事件とはまったく関係のない話題から入るのだ。そしてしばらくはその話題を続け、相手の警戒心がほどけてきたと感じてから、「いやじつは、××の事件の取材で歩きまわってるんですけどね。なんにも成果がないもんで、気晴らしにぶらぶらしてるんですよ」と、相手に直接話を聞くつもりがないような言葉を繋ぐ。そこで相手が「大変ですねえ。××さん（被害者や加害者の親族など）も気の毒に。ちょっと前までは、姿を見かけてたんですけどねえ……」といった言葉が出てきたならば、すぐに質問に切り替えずに、「たしかに気の毒ですよねえ。身内の××さんがあんなことになって」といった、同調の言葉をかけるのだ。そのようにして、次第に相手が自分から、あんなことがあった、そういえばこんなことも、といった言葉を発するのを待つのである。

情報を引き出す質問にはコツがある

また、そこでもし目の前の中年男性が、関係者について言及しなかった場合は、話しかけて時間を使わせたことの非礼を詫びて、あっさりと引き下がる。ただし、その際には「ちなみに、この近所で××さんのご家族とお付き合いがあったのは、お隣とかだけですか？」といった言葉をかけることを忘れない。可能性は低いが、もしなんらかの情報が出てくれればという思いからの一言だ。

付け加えておくと、この最後の一言にもコツがある。同じような質問だとしても、私は決して「この近所で××さんのご家族とお付き合いがあったのはどなたですか?」といった聞き方はしない。かならず「……お付き合いがあったのはお隣とかだけですか?」というように、具体例を挙げて質問するようにしている。

これは記者が年齢を尋ねるときの手法なのだが、目の前の相手に「××さんは何歳ですか?」とストレートに質問をすると、「いやそれは……」といった返答になってしまうことが少なからずあるのだ。そういう場合には、「××さんのお歳は四十五歳くらいですか?」と具体例を挙げることによって、「いや、こう見えても五十歳なんですよ」といった、訂正のかたちで事実を聞き出しやすくなるのである。それと同じで、別の質問でも具体例を入れることによって、「いや、それだけでなく××もですよ」といった答えが返ってくることを期待できる。

ここまでに紹介したのは、あくまでも〝地取り〟という、事件の加害者や被害者といった関係者について、その周辺に住む第三者が持つ情報を収集していく作業である。加害者や被害者の輪郭をこれらの作業ではっきりさせていったうえで、もっと近い親族や、さらにいえば事件の真相を知る人物などへのアプローチを行うことになる。

「学生服姿の顔写真」に見え隠れする記者の苦労

事件取材で必要な作業は、周辺の話を聞くことだけではない。たとえば加害者や被害者の顔写真を手に入れることもその一つだ。とはいえ、担当編集者から「なんとか××の写真を手に入れてほしい」とのリクエストがあると、それも仕事のうちだとわかっていても、気が重くなる。話を聞かせていただくのにくらべ、写真を提供していただくとなると、やはりハードルが一、二段上がるのだ。

顔写真は事件記者の間で「ガンクビ」との俗称で呼ばれている。内輪では「ガンクビ手に入れた?」などと使うが、提供者に対して「ガンクビをいただけないでしょうか?」とは絶対に使わないし、使ってはならない。また、被疑者の顔写真についてガンクビと口にするのはやぶさかではないが、被害者の顔写真にこの言葉を使うのはどこか憚《はばか》られる。

さてその顔写真についてだが、締め切りが近づいてくると、記者たちはみな一様に写真探しに血眼になる。

そこでもっとも重宝するのが学校の卒業アルバムである。なにしろ同学年の卒業生であれば誰でも持っているため、絶対数が多い。さらに提供者が自分だと特定され難いという匿名性も確保しやすいため、比較的簡単に手に入る。四十代の被疑者であるにもかかわらず、学生服を着た高校時代の顔写真が使われているときは、近影が手に入らないための苦肉の策だと思っていただいて差し支えない。

ただし言い訳をさせてもらうが、いくら卒業アルバムの入手が簡単とはいえ、広い世間のなかで同じ学校の同級生を探し出す作業はそれなりに手間がかかる。しかも経験則からいえば、たとえ同級生を見つけても、卒業アルバムまで提供してくれるのは五〜十人に一人程度。やはりハードルは高いのだ。

写真探しの強い味方は〝やんちゃ〟な人物

最近はSNSの普及などによって、比較的容易に顔写真が入手できるようになった。

しかし、写真を探している相手がSNSと無縁の生活を行っている場合は、地道に足を使うほかない。そんなとき、私が頼りにするのは不良や元不良といった〝やんちゃ〟なタイプの人物だ。そうでないタイプの人物は、面倒なことに巻き込まれることを恐れて、写真提供に非協力的なことが多い。一方で、〝やんちゃ〟な人物は好奇心が旺盛で、写真探しに協力してくれることがよくあるのだ。さらに彼らは先輩と後輩の繋がりが緊密で、私の目の前で知り合いに電話をかけて、「××と仲いいのって誰だっけ？」や「××の写真って持ってない？」と尋ねてくれたりもする。私はこれまで幾度となく〝やんちゃ〟な人物に助けられてきた。

総合週刊誌の活版記事であれば、顔写真について、そううるさく要求されることはないが、それが写真週刊誌の仕事ともなれば、顔写真は一種の生命線となる。私自身も経験してきたが、ある事件について他誌が得ていないネタを独自に取材できたとしても、写真週刊誌の仕事だった場合、顔写真が入手できなかったためにボツ、あるいは顔写真が他誌と横並びの卒業アルバムからの複写だったために扱いが小さくなる、ということは日常茶飯事である。

紙一重で助かった、角田美代子の写真取り違え騒動

さらにいえば、顔写真の取り扱いには、ある種の恐さも含まれている。そう、写真の取り違えである。最近でいえば、先に取り上げた〝尼崎連続変死事件〟における、主犯の角田美代子について、多くのメディアが別人の顔写真を掲載、のちに間違えられた人物が名乗り出て、問題となったことは記憶に新しい。

顔写真を掲載する場合、どのメディアであっても複数の第三者にその写真が本人かどうかの確認を行う。にもかかわらず、あのようなミスが起きてしまうのである。しかも、同業他社のみならず、新聞やテレビといった影響力の強いメディアの一部が、本人の顔写真であるとして出している状況で、それを否定することは並大抵のことではない。

私は幸いにして、角田美代子だとされた別人の顔写真を、自分の記事で掲載することはなかった。過去に彼女と幾度も会ったことのある人物を〝ネタ元〟としていたため、入手したその写真を確認のため見せたところ、「これは絶対に本人とちゃう」との返答を得ていたからだ。そこで担当編集者に対して、「いま出ている写真は別人である可能性が非常に高い。だから絶対に出さないほうがいい」と押し切って、危うく難を逃れた

のだった。

だがこれは、決して自分がいい仕事をしたからではなく、紙一重で運が良かったに過ぎないと考えている。というのも、そのとき私が仕事を請け負っていた雑誌が、写真が生命線である写真週刊誌ではなかったからだ。もし写真週刊誌の仕事で動いていて、あれほどの大事件で、その他のメディアが一斉に同じ写真を用いている状況を考えると、顔写真をなんとかしろとの、編集部からのプレッシャーに対し、はたして「絶対に出すべきではない」と抵抗し通せたかどうか自信はない。

記者はビビリなくらいが丁度いい

顔写真の間違いと同じように、事件取材にはいくつもの陥穽《かんせい》がつきまとう。その筆頭が「平然と嘘をつく人」の存在である。

そんな情報提供者に遭遇した場合、下手をしたら自分の記者生命が危ぶまれるだけでなく、記事を書いた雑誌や版元の出版社に、多大なる損害を与えてしまう可能性がある。

とくに怖いのが、そこでもたらされた情報が、他社が後追いしようとしてもできない、自社発の〝スクープ〟の場合だ。

たとえば〇九年に『週刊新潮』で、朝日新聞阪神支局襲撃事件の実行犯であるという男の実名手記が四週にわたって掲載され、のちに男の自作自演による虚報であると判明した件などは顕著な例である。

証言にある程度の整合性があり、しかも情報提供者が匿名ではなく、実名で誌面に登場するというのだ。もちろん〝ウラ取り〟は欠かせないが、なかには捜査当局によって秘匿されている情報もあり、完全なる検証が難しい。

そんな状況で真偽を判断しなければならないことがあった場合、なによりも危険なのが「スクープを取りたい」という欲望である。それにより確認の基準が緩んでしまうことは少なくない。相手の証言に覚えた多少の違和感には目を瞑り、自分に都合の良い解釈をしてしまいがちになるのだ。

だからこそ常に、「報じるのは恐いこと」と自覚する必要がある。ビビリなくらいが丁度いい。あと、信頼できそうな相手であっても、まずは疑うという性根の悪さも必要かもしれない。

「平然と嘘をつく人」に気をつけろ

私自身もスクープ情報というわけではないが、平然と嘘をつく人に出会い、騙されそうになったことがある。

かつてある県で女子中学生が集団で自殺した出来事を取材したときのことだ。死亡した少女たちの自宅近くでたまたま入ったスナックの年若いマスターに、私が取材で来たことを話したところ、やけに取材の進捗状況を聞かれたことがあった。彼はなにを思ったか、自分は少女たちを直接は知らないが、事情通の不良少年に会わせてやると持ちかけてきた。

渡りに舟とばかりにマスターの車に乗せてもらい、その不良少年の自宅へと向かった。車中、彼は車内のドリンクホルダーに置かれた小瓶を指差し、「自分は不良少年たちがシンナーとかを使わないよう、監視してまわっている。これも没収したもの」と口にしていた。紹介された少年は少女たちのことを知っていて、グループ内の立場や個々の性格について解説してくれた。途中でマスターが先に店に戻ることになり、私は謝意を告げ別れた。やがて少年の友人がやってきたので、私がマスターに紹介されたことを話すと、その友人は驚きの言葉を口にした。じつは件のマスターこそが、自殺前夜に少女のうちの二人とホテルに宿泊し、彼女たちが死の直前まで吸っていたシンナーを手渡した人物だったのだ。私はあえて数日を空けてスナックを訪れ、マスターに切り出した。

「ねえマスター、じつはあれから私がいろんなところを取材してたら、あることを耳にしたんだけど……」

「え、なになに、なにがわかったのよ？」

彼は好奇心を顔に浮かべて尋ねてくる。

「いやね、それが自殺した少女たちが最後に持ってたシンナーね、あれを渡したのがマスターだって話なのよ」

彼は一瞬ギョッとした顔になったが、すぐにとぼけた表情を見せる。

「またまたぁ、ひでえなあ。誰がそんな根も葉もねえ噂を流してんだよ」

そこで私は畳みかけた。

「でもね、私もうすでにウラを取ってあるんだけど。彼女らが自殺を決行する前夜、マスター、××ちゃんと××ちゃんを連れて、××ホテルに泊まってたでしょ」

マスターはその言葉に息を呑み、しばらく沈黙してから切り出した。

「なーんだ、もうそこまでバレてんのか。しょうがねえなあ。そーだよ。ホントだよ。記者さん、あんたが言う通り」

彼はすっかり開き直った顔をして言い放った。そこで私は返す。

「わかりました。いまここでマスターが私に嘘をついていたことを責めるつもりはありません。それよりも実際になにがあったのか、そしてなんでそんなことをしたのか、話してもらえますよね」

ふて腐れながらもマスターは、少女たちの自殺前夜の行動について口を開いた。それは私が事実の欠落した〝間抜け〟な記事を書く、締め切り間際のことだった。

このように、事件取材はちょっとしたきっかけで真実に近づき、逆にそれがなければ真実から遠ざかる内容になってしまうのである。

他社に先駆けて犯人逮捕前に取材できた例

捕まる前の犯人に会う――。

雑誌での事件取材が新聞やテレビ、ネットメディアよりも遅く始まる以上、もっとも理想的なかたちは、これから弾けそうな事件を、犯人逮捕前に取材しておくというものだ。たとえば一三年に京都府で、当時の夫が青酸化合物で死亡したことによって、過去の保険金目的の連続殺人事件が発覚した筧《かけひ》千佐子は、多くのメディアが逮捕前の彼女に対して、囲み取材を行っていた。また、〇六年に秋田県で発生した児童連続殺人事件で逮捕された畠山《はたけやま》鈴香も、逮捕前に本人がメディアを自宅に集めて会見を行っている。

これらは雑誌であっても、ほかのメディアと横並びで取材を始めることのできた稀有なケースである。とはいえ、たいていは同時に複数社が取材することになり、独自性には乏しい。そんななか、他社とはまったく異なる状況で、独自に殺人犯の取材をできたケースがいくつかある。

たとえば福岡県で起きた保険金目的の殺人事件がそうだった。主犯である主婦のA子を逮捕前に撮影したのである。事件を知るきっかけとなったのは、旧知の福岡県警担当記者からかかってきた一本の電話だった。

「二カ月前の交通事故で夫が溺死した女を、警察が内偵していますよ」

聞けば、A子の運転する車が港の岸壁から転落する〝事故〟があり、彼女は車から脱出して助かったが、同乗していた夫は溺死。その〝事故〟のわずか十一日前に、夫名義で四社に分けて計一億三千万円の保険がかけられていたのだという。

情報を提供してくれた記者とは、これまでに現場で顔を合わせるだけでなく、幾度となく酒席をともにして、信頼関係を築いていた。互いに情報の貸し借りがあるなかで、この話は雑誌向きではないかと、連絡をくれたのだ。

本人を直撃するなど、捜査の邪魔をしないとの条件付きでA子の住所を聞き出した私は、カメラマンを伴って彼女が住むマンションを張り込んだ。そのマンションは各戸の玄関が正面の道を向き、路上に停めた車内から撮影できる好立地だった。

張り込むこと三時間。スモークガラスの貼られた後部座席で望遠レンズを覗いていたカメラマンが「出た」と口にし、連続してシャッターを切る音が聞こえた。やがてA子は一階の正面玄関を出て、我々の方向に近づく。夫が死んで間もないにもかかわらず、ミニスカートを穿き、遠目でも派手な化粧だとわかる彼女は、満面の笑みを浮かべ、我々の後方にやってきた車の助手席に乗り込むと去っていった。私は彼女が乗った車のナンバーを控え、カメラマンは「バッチリ」と親指を立てて微笑む。

その一カ月後、A子が逮捕された直後に記事を出した。そこには部屋を出てこちらに向かって歩いてくるA子の写真と、当時は車のナンバーから所有者が割り出せたことから、彼女を車に乗せた男性へも取材をした内容が盛り込まれて掲載された。

駅前の不良から得た情報から特ダネに

また、同じく福岡県で発生した少年たちによる〝援交狩り〟と称した殺人事件で、共犯者として現場にいた十七歳の少女B子については、逮捕前に直接本人から話を聞くことができたケースとして記憶に残っている。

事件の発生をテレビのニュースで知り、翌日になって現場に駆けつけた私が、駅前にたむろする不良少年を中心に聞き込みをしていると、そのなかの一人がふと口にしたのだ。

「そういえばB子も一緒にいたのに、普通に働いとるよ」

殺人の現場にいた彼女が、いまもスナックで働いているというのである。私は少年にスナックの名前とB子の源氏名を聞き出すと、ただちに店へと向かった。当然、十七歳にスナックで接客させることは違法であり、私はそこが突破口になると考えていた。

客を装って店に入り、カウンターに座る。酒を注文し、最初に私の相手をした女の子に名前を聞くと、まさにB子だった。彼女に年齢を尋ねると十八歳だと嘘を言う。そうした話を聞き流し、しばらくしてからママを呼んでもらった。そこで私はまわりの客にわからないよう名刺を出し、事件の取材をしていること、B子が十七歳であることを囁いた。ママの表情が凍りつく。

「知らなかった。私は彼女から十八歳と聞かされてたから……」

未成年を働かせていたことについて、言い訳を並べるママに、私は言う。

「私は彼女と外で話をしたいのですが」

本当はB子の年齢を知っていたであろうママは慌てて彼女を呼び、すぐに店を出るよう促した。そしてB子は、私が取材場所として選んだカラオケボックスで、事件発生時の状況について淡々と語った。それによると彼女は、すでに事件について両親に相談しており、前夜に両親が警察に通報していた。私が会った日の朝には警察で事情聴取を受けており、いったん家に帰されてからスナックのアルバイトに出てきていたのだった。

取材後はまっすぐ家に帰ったB子だったが、翌週になって私の書いた記事が出た直後に逮捕された。

もちろん、普段の取材において、このようなことは滅多にあることではない。だが、こうしたことが起きることもあるからこそ、取材現場で〝諦めが悪く〟なってしまうような気がしてならない。

殺人事件の被告人に会うのは比較的容易

事件取材の経験を積み重ねていくなかで、事件の当事者である犯人の話を直接聞くことこそが、なぜこのようなことが起きたのかを知るためには必要ではないかとの思いを抱くようになった。

じつは、たとえ相手が殺人犯であっても、刑が確定する前の被告人段階であれば、比較的容易に会うことができる。もちろん、接見禁止になっていれば面会はできないが、そうでなければ相手が面会を承諾すれば可能だ。

通常、起訴された被告人は、それまでいた警察署や警察本部の留置場から、拘置所に身柄を移される。彼らは裁判を受け、刑が確定するまでは、そこに勾留されることになるのだ。そのため、拘置所に出向いて受付で面会を申し込むことで、会うことができるのである。ちなみに、被告人が本当にその拘置所にいるのか、接見禁止がついているか否かといったことを、当該の拘置所に電話しても教えてくれない。たとえ無駄足になろうとも、実際に足を運ぶ必要があることを付け加えておく。

拘置所での面会手続きあれこれ

拘置所によってまちまちだが、基本的な手続きは次の通りだ。まず拘置所の正門受付で面会の旨を伝え、所持品検査とボディチェックを受ける。その際に携帯電話や録音機、カメラなどは事前にロッカーに預けておく。続いて建物内に入り、そこで面会申請書に必要事項を記入し、面会受付窓口に提出するのである。なお、東京拘置所はその他の拘置所とは異なり、入門時にボディチェックはなく、先に面会受付を済ませてから、いざ面会できるとなった際に、所持品検査とボディチェックが行われる。

受付に出す申請書に書くのは、面会を希望する相手の名前、面会者（つまり自分）の名前、自宅住所、年齢、職業、面会相手との関係、そして面会理由である。

ここでふと考えるのが、知り合いでもない面会相手との関係や面会理由をどうするかということだ。私の場合、関係については「第三者」や「取材者」とし、理由は「安否うかがい」とすることが多い。もちろん、被告人に近い人物から紹介を受けたりした場合は、その旨を理由の欄に記すことにしている。

面会受付窓口では申請書と引き換えに番号札を渡され、あとは待合室でその番号が呼ばれるのを待つという手筈である。やがて「×番のかた、×号面会室にお入りください」とのアナウンスが流れ、面会室に向かうことになる。ちなみに接見禁止処分中の場合は、アナウンスで面会受付窓口に呼ばれ、会えないことを伝えられる。また、相手が面会を望まない場合も同じ手順が踏まれる。なお、いざ会えるとなった際の面会時間については、概ね十分から三十分の間で、状況によってまちまちだ。面会者が多いときは面会時間が短く、少ないときはやや長くなる。基本的に面会者の多い東京拘置所や大阪拘置所、さらに福岡拘置所などは短いと考えておいたほうがよい。また、面会できない土・日曜日を挟む、金曜日と月曜日も混みやすいため、面会時間が短くなる傾向がある。

事前に手紙を出すか、〝飛び込み〟で会いに行くか

被告人に対して、あらかじめなんらかのアプローチをするかどうかは、面会したいと考えた相手によって、まったくのケースバイケースだ。事前に手紙のやりとりをして、相手が会ってくれることを確認してから訪ねることもあれば、それこそまったくの〝飛び込み〟で会いに行くこともある。どちらかといえば、先方に考える時間を与えないようにと、殺人犯の場合は後者のほうが多いのだが、その際の反応は十人十色で興味深い。

女性殺害の被告である男が、某テレビ局の女性記者と面会しているとの情報があり、面会を試みると「男とは会わない」と断られたり、強盗殺人犯に会おうとして面会室までは呼ばれたものの、向こうが面会室に入る前に小窓からこちらを見て、「やっぱりやめた」となったこともある。逆に「よく来てくれた」と私を歓迎し、明らかに嘘だとわかる内容で、自分の無実を雄弁に訴える連続殺人犯もいた。

面会では、相手にとって有益なことを探る

運良く面会できた場合、私はまず相手にとって有益なことはなんであるかを考える。当然ながら減刑に繋がる情報を報じてほしいというのが、被告のもっとも望むことだろうが、それには限度があり、事実と認められない限り取り上げることはできない。ちなみに、私がこれまでに面会してきた殺人犯のなかで〝冤罪ではないか〟との疑いを抱いた相手は一人もいないことを明記しておく。ではほかになにができるかといえば、必要とする物品の差し入れや、外部との連絡役を引き受けるということである。

まず物品でいえば、夏季、冬季の衣類や、老眼鏡、それに書籍などを希望されることが多い。そうした際には極端な利益供与を避けるため、高価ではない衣類や、百円ショップの老眼鏡、古書店で探した書籍などを選ぶことにしている。また、菓子類が好きだという被告には、拘置所内の売店で概ね千円以内で購入できるものを差し入れている。現金、という話を持ち出されることもわずかにあるが、取材倫理上、原則として断っており、離れた地域にいる被告から手紙で、もう切手代がないといった訴えがあった際に、現金書留で数千円を送ったことがあるくらいだ。基本的にはそうした場合には、直接足

を運んだ機会に切手や封筒、便箋などの〝現物〟を、直接差し入れることにしている。

また、これも物品に含まれるが、被告にとっての懐かしい景色の写真や、動物好きと聞いていればペットの写真などを差し入れることもある。そこらへんは臨機応変に、こちらが相手にとっての精神衛生上の助けになる存在になるよう心がけている。連絡役というのも同じことで、被告にとっての〝外部との窓〟になることで、不自由な生活の助けになればとの思いからの行動である。連絡役というと、まるで〝口裏合わせ〟に加担していそうな印象を与えるかもしれないが、実際は「××さんに面会に来るように伝えてほしい」といった内容がほとんどだ。

殺人犯に嘘をつかない、安請け合いをしない

そのように彼らと接する際、私自身が心がけているのは、決して嘘をつかないということである。どのように小さいことでも、嘘の発覚は関係の決裂に繋がる。面会について先方が一方的に打ち切れる立場である以上、細心の注意を払わなければならない。

それと似たようなことだが、自分にできないことは安請け合いをしないということも

同様である。どこまでは可能で、どこからは無理という線引きをはっきりさせておかなければならない。というのも、殺人犯のなかには、相手を自分の領域に引き込むのに長けた人物がいるからだ。一度でも頼まれ事を引き受けると、「あのときはやってくれたでしょ」と、どんどん要求がエスカレートしてきたりする。そうしたことを防ぐためにも、先方には〝この人は断るときは断る〟との印象を植えつけておく必要があるのである。

実際のところ、そうした殺人犯とのやりとりは神経を使うこともあり、自分自身を消耗させる。ただ同時に、普通の生活のなかでは決して知ることのない、殺人犯の心情に触れることができる興奮もある。だからこそ続けているわけで、こればかりは取材者の〝業〟ということなのだろう。

同じく〝業〟という意味では、「殺人犯と会って、家族に危害が加えられたりする恐れはないんですか？」との質問に、「よくわからない」と答えるようにしていることも、そうなのだろう。たしかにリスクはあるかもしれないが、現時点ではなにも起きていない。交通事故を恐れて車を運転しないことは、私にはできないからだ。

そんな〝業〟に満ちた私が、これまで実際に面会した殺人犯たちと、どのような会話を交わし、どういったやりとりをしてきたか。次の章より詳しく説明していきたい。

第2章 北村孝紘の涙

——大牟田四人殺人事件

一家四人全員に死刑を求刑

発生時から取材を続けてきた事件の殺人犯から、会いたいとの連絡があったのは二〇〇六年十月のことだ。

殺人犯の名は北村孝紘《たかひろ》（刑確定時は養子縁組で「井上」姓）。彼はその二年前の〇四年九月に福岡県大牟田市で、知人母子とその友人の四人を殺害した事件の実行犯である。孝紘の父・實雄《じつお》と母・真美、兄・孝も同容疑で一緒に逮捕され、一家四人全員に死刑が求刑されたことから、当時は大きな話題となり〝大牟田四人殺人事件〟と呼ばれていた。

事件そのものは酸鼻を極める。

犯行を首謀した父の實雄は福岡県大牟田市の暴力団『北村組』の組長。同組は福岡県下に本拠を置く指定暴力団の下部団体で、構成員は十人に満たない小規模な組である。母の真美は組の姐として資金面の管理を担当。さらに兄の孝と孝紘はともに同組の構成員だった。

〇四年九月の事件発生前、北村組には六千万円近い借金があり、資金難にあえいでいた。そこで實雄と真美が思いついた打開策こそが、真美の友人であり個人で貸金業を営む高見小夜子さん（当時58）を殺害し、カネを奪うという計画である。

家族で笑いながらの殺人

小夜子さんは北村組に対して、頻繁に借金の取り立てや雑務を依頼していた。かねてより小夜子さんの上からものを言う態度に反感を抱いていた真美による意趣返しというのが、犯行のきっかけとなった。

両親がそうした計画を立てているなか、まず孝と孝紘の兄弟が独断で、小夜子さんの自宅に踏み込んだ。当初から手段を選ばずに金目のものを奪う予定の二人は、家にいた小夜子さんの次男・穣吏《じょうじ》さん（当時15）を背後から襲う。孝紘によってタオルで首を絞められ、彼が仮死状態になったところで、二人は小夜子さんの寝室を物色。指輪など時価四百万円相当の貴金属類が入った小型金庫を強奪したのである。

穣吏さんが死亡したと思い込んだ二人は、ぐったりした彼を車のトランクに詰め込み、市内を流れるS川へと向かった。そして橋の欄干に到着したところで、トランクを開けると、穣吏さんが息を吹き返していることに気づいたのだった。そこで「勘弁してください」と哀願する穣吏さんをまず孝紘が殴りつけ、孝が首に巻きつけたロープを二人で引っ張ってふたたび意識を消失させ、彼の首と両足首にコンクリートブロックをつけ、川に投げ込み殺害した。

その翌日の昼、前日から小夜子さん殺害を企んで彼女を呼び出したものの、実行できずにいた真美は、孝に電話をかけて「なんとかしてほしい」と頼む。

孝からの連絡を受けた孝紘は、睡眠薬を混入させた弁当を持って母のもとに行き、小夜子さんを寝かしつけるようにした。そして翌日の未明、すっかり熟睡している小夜子さんを車に乗せて、一家四人は人気のない河口へと向かったのだった。

そこでも孝紘が実行犯となり、車のシート越しに背後から彼女の首をワイヤー錠で絞め、窒息死させている。その際、首を締めている最中の孝紘に、實雄がペットボトルのお茶を飲ませ、孝が煙草を吸わせていた。また、孝がふざけて窓ガラスに「ひところし」と書き、孝紘は笑いながら犯行に手を染めていたことが、のちに明らかになった。

「ごめんけど、お前も殺すごとなっとるけん」

小夜子さんは殺害された穣吏さんと、その兄である龍幸さん（当時18）の三人暮らしだったため、實雄は最後に残された龍幸さんの殺害を指示して、一連の犯行を隠蔽しようとした。そこで、小夜子さんの遺体を車に積んだまま、彼の行方を捜したところ、翌日未明にたまたま帰宅してきた龍幸さんを発見する。

生前の小夜子さんから、穣吏さんがいないので捜してほしいとの連絡を受けていた龍幸さんは、友人の原純一さん（当時17）と一緒に車で弟を捜しに出ていた。孝紘が實雄に相談したところ、「二人とも殺せ」と、實雄は持参した拳銃を孝紘に渡す。

そこで行方不明の穣吏さんを一緒に捜すという口実を作り、「龍幸の運転は怖いけん」と理由をつけて孝が運転席に、孝紘は助手席に座った。龍幸さんと原さんは後部座席に座ったが、その際に孝紘がチャイルドロックをかけ、車内から逃げ出せないようにしていた。

やがて人気のない河口の岸壁に着くと、孝紘が助手席の椅子を倒して後部座席に座る龍幸さんの足を挟み、動けなくする。そのうえで、孝紘はまず原さんの頭を拳銃で撃つと、「ごめんけど、お前も殺すごとなっとるけん」と口にして、取り乱した龍幸さんの頭に向けて発砲。結果的に双方の頭と胸を三発ずつ撃ったのである。

ぐったりして動かなくなった二人を乗せた車で兄弟が移動していると、途中で原さんが呻き声を上げた。そこで孝紘は實雄と合流して相談し、命じられるままにアイスピックでその胸を突き、止めを刺す。そこでは實雄たちの車に乗せていた小夜子さんの遺体を、龍幸さんの車のトランクに詰め換え、穣吏さんの遺体を遺棄したS川へと向かい、ナンバープレートを外した車ごと川底に沈めたのだった。

こうして、わずか三日間の間に四人の命が奪われ、遺体が遺棄された。孝紘は、北村家の家族が起こした四件の殺人事件において、すべての殺人の実行犯だった。

それから三日後に、穣吏さんの遺体が川面に浮かんでいるのを発見されたことで事件が発覚。早くから原さんの捜索願が出されていたこともあり、その日のうちに真美が大牟田署に呼ばれ、やがて芋づる式に、事件に関わった家族四人全員が逮捕された。そのとき孝紘の年齢は二十歳と三カ月だった。

その孝紘が弁護人を通じて、私が記事を書いていた週刊誌の編集部に、記者と会って話したいことがあると、連絡をしてきたのだ。すでに福岡地裁での彼の一審の公判は始まっており、私も初公判や論告求刑公判など、節目となる公判は傍聴していた。そうしたなか、もう間もなく判決が出るというタイミングでの面会要請である。担当編集者から連絡を受けた私は、すぐに福岡拘置所へと面会に出向いた。それは判決公判のわずか五日前のことだった。

初の面会でいきなり恫喝してきた北村孝紘

「きさんか？　つまらん記事ば書いとうとは。俺が捕まっとう思うて舐めとったら、タダじゃおかんぞ、こんクソが……」

面会室の扉を開けて入ってきた孝紘は、アクリル板越しに私を睨《ね》めつけると、いきなり脅しの言葉をぶつけてきた。

暴力団一家に生まれ育った孝紘の素行の悪さは、それまで取材を重ねていた私には織り込み済みだった。彼に恐れを抱く大牟田市内の少年たちから聞かされた蛮行の数々はもとより、ニュースの映像で見た現場検証時の不貞腐れた態度、さらには法廷で直に目にした不遜な態度や発言など、いい印象はまったくといっていいほどない。

実際、孝紘は初めて会った私に対して、まず脅すという態度に出てきた。これは不良の世界ではよくある、最初に自分の優位性を確保するためのやり口だ。だが、彼が目の前のアクリル板を越えてこちらに来ることは決してないという安心感が、私を落ち着かせていた。こういうときほど相手の挑発に乗ってはいけないと考えた私は、できるだけ冷静な言葉を返すようにした。

「記事はたしかに私が書きました。けど、今日は孝紘さんから、なにか伝えたいことがあると連絡があったから来たんですよ」

すると孝紘は、かつて相撲部屋にいたことが頷ける太い腕を組むと、うーむと考え、こちらに向き直った。

「そうったいね。たしかに今日は俺が呼びつけたけん、来よらしたったい。わかった。いまから話すけん、メモば取って」

やはり最初の脅しは演技だったのだろう。瞬時に表情から怒気が抜け落ちた。そこで彼が口にしたのは、自分が関わった事件の内容についてではなく、刑務官に暴言を吐かれたといった、現在の処遇についての不満であった。

マスコミを利用しようとする暴力団関係者は多い

私はメモを取りながら話を聞いていたが、別のことを考えていた。

これは孝紘が拘置所内で自分への待遇を改善させるために、報道関係者であるこちらを利用しようとしているな、ということである。

彼は、もしも自分が望む待遇をしてくれないのであれば、こうしてマスコミにタレコミすることもできるんだぞと、暗に拘置所側に伝えることで、優位な立場を得ようとしていた。これもまた最初の恫喝と同じく、暴力団関係者などによく見られることだ。

目の前で孝紘が訴えていることは、記事にするような内容ではない。そのことはすぐにわかった。しかし、この場で私が立ち上がり、「残念ながら記事にするのは難しいですね」と踵《きびす》を返したら、殺人犯である彼と接触できる機会は永遠に失われてしまう。

私は孝紘が一通り喋り終えるのを待って、彼の発言を記事にできるともできないとも言わずに切り出した。

「あの、私は明日も福岡にいるんで、なにか差し入れてほしいものはありますか。買って持ってきますよ」

「おっ、そうね……」

孝紘はそこで暴力団関連の記事を専門に掲載している雑誌名を挙げた。

「わかりました。では明日、その雑誌を差し入れますね。それから面会しようと思いますので、よろしくお願いします」

「おう、よろしく頼むったい」

こうして、孝紘との面会初日は終わった。私はまた明日も面会できるとの確約が取れたことに、胸を撫で下ろしていた。

死刑判決直前に将来の夢を語る姿への驚き

翌日、注文を受けた雑誌のほかに、これから寒くなる時期であることも考え、冬用の衣類も購入して一緒に差し入れた。

その日は金曜日。拘置所は土・日曜日に面会ができないため、前後の金曜日と月曜日が混みやすい。私は一時間近く待合室で過ごして、面会室へと向かった。

真向かいの椅子に座った孝紘は、明らかに前日とは異なった様子で、目尻を下げた人懐っこい表情を浮かべた。もともと色白でふっくらとした顔立ちには幼さが残り、いたずら好きな子供のようにも見える。あのような凶悪な事件を起こした犯罪者がこんな顔を見せることもあるんだ。それは素直な驚きだった。

「あの、私は拘置所での生活ってどういうふうになっているのか知らないので、教えていただけませんか？」

事件についての話は急がず、孝紘のほうから口にするまで待とうと考えていた私は、拘置所生活について質問した。

「それはくさ……」

孝紘は生活時間帯について説明を始めた。私はメモを取りながら、何度も頷く。続いて自由な時間になにをしているのかと尋ねると、彼は突然切り出した。

「俺くさ、彫師ば目指しようがけんくさ、ずっと刺青の下絵ば描きよったい。そればどっかの雑誌にくさ、出せんもんかねえ」

その話に一瞬、言葉を失った。四日後の判決公判では、孝紘にはまず間違いなく死刑判決が下される。しかし、そうした厳しい状況を目前にして、将来の夢を語る姿には驚きを禁じ得なかった。

「死刑」という単語は極力避けたい

正直なところ、なぜいま夢を口にするのか尋ねたかった。が、それを聞くためには「死刑」という単語を使うことになりかねない。さすがにそこまで無神経なことはできないと考えた私は、表情を変えないように努めながら言う。

「もちろん下絵の内容にもよると思いますけど、うちの雑誌なら可能だと思いますよ」

「そうね。なら考えようかね」

孝紘は無邪気に喜ぶ。

「わかりました。じゃあ、判決が出たあとに、心境を書いた手紙と一緒に下絵を送ってください。なんとかしますから」

「おっ、俺の貴重なコメントも欲しいと？　さすがやね。そしたらまとめて何枚か送っちゃろうかね」

目尻を下げて嬉しそうな表情を見せる彼を目の前に私は確信していた。これは間違いなく記事になる、と。

その日の面会後、私は孝紘が手紙を送れるように封筒と便箋、切手とともに、自宅の郵便番号、住所を記した名刺を、窓口から差し入れた。メディア媒体の記者であれば、会社の住所で文通することも可能だが、自宅を作業場とするフリーランスである私の場合、私設私書箱を利用するなどしない限りは、自宅住所を明かすほかない。殺人犯への住所公開はあまり気の進むものではないが、相手の心を開かせるためには、こちらもある程度の覚悟は必要だと思い、そのようにしている。

死刑判決直後の面会で見せた予想外の態度

○六年十月十七日の判決公判当日、私は福岡地裁久留米支部第一号法廷の傍聴席にいた。

今日ここで判決を下されるのは、孝紘と母の真美である。両脇を刑務官に挟まれて法廷に現れた二人は、並んで被告人席に座った。同一の事件での審理が行われる場合には、共犯者でも一方が否認したり、利益相反がなければ、複数の被告が一度に出廷する。薄いグレーの色付き眼鏡をかけた孝紘は、席に着く前に、傍聴席を威嚇するように左から右に睨めまわした。拘置所で初めて会ったときに見せた、あの表情だ。

やがて裁判長は、判決理由を先に読むことを二人に伝えた。この〝主文後回し〟は、極刑を予想させることから、報道関係者席から記者が一斉に立ち上がり、外に出ていく。時間をかけて判決理由を読み上げた裁判長は、孝紘と真美をふたたび証言台に立たせて言い渡した。

「主文、被告人北村真美および北村孝紘をいずれも死刑に処する」

孝紘はそれを微動だにせず聞き、真美は深々と頭を下げた。

その翌日、私は福岡拘置所を訪ねた。事前に予想したのは、孝紘は虚勢を張って、死刑判決に動じていない姿を見せるのではないかということだった。

しかし、目の前に現れた孝紘は、明らかに憔悴していた。私がなにを語りかけても「ああ」や「そうたい」といった生返事を繰り返す。つい数日前には夢を語っていた彼のその変貌ぶりは、死刑判決という現実が、いかに重いかということを物語っていた。

彼がこのような気の抜けた状況では、込み入った質問をすることができない。私は「じゃあまた明日来ます」と口にして、早々に引き揚げた。

反論は不要、どう思っているかを知ることが仕事

翌日になると、孝紘はすっかり平静を取り戻していた。面会室に入ってきた彼は、私と顔を合わせるなり笑顔を浮かべ、「連日やってくるやら、小野さんも暇なんやないと？」と軽口を叩く。

その日、孝紘は面会室に刺青の下絵を持ち込んでいた。ペンで細かく描かれた菩薩像や仁王像、龍や鯉の図柄の一部は、色鉛筆によって彩色されており、なかなかの腕前だ。

「小野さん、どれを送ればいいかいな？」

彼に聞かれ、私はそのうち何点かを選ぶ。続いて、どうしても尋ねたかったことをストレートに口にした。

「お尋ねしますけど、孝紘さんって今回、全部の事件で実行犯でしょ。どうして四人も

の人を殺めたんだと思います？」

すると孝紘は、握りこぶしを作った右肘から先を胸の前に持ってきて言った。

「小野さんね、俺の腕に蚊がとまって血ぃ吸おうとしたら、パシンて打つやろ……」

孝紘は突き出した腕を平手で叩く。

「それと同じくさ。蚊も人も俺にとっては変わりないと。それだけのことたい」

私はわざとらしく、かつ親しそうに「えーっ、本当にそれだけ？」と声を上げる。

「そうねえ。やっぱ俺にとっては中学を卒業してから相撲部屋におったのが大きいんやないやろか。あのくさ、相撲部屋ってところは、たとえ歳が若かろうが、強ければ上に立てるったい。まさに弱肉強食。強い者が弱い者ば押さえつけるんは当たり前やろうってことが、どっかで身についとるんやろうね。自分もそうならんといかんと思ったったい」

その主張が内容的に正しいか間違っているかということではなく、私の仕事は彼がどう思っているかを知ることである。だから反論を挟まずにふんふんと聞き、メモを取った。

やがて面会時間の終了を告げられると、私は孝紘に自分は今日で東京に引き揚げることと、刺青の下絵を送ってくれたら雑誌に掲載することを伝え、面会室を出た。

孝紘の手紙を糾弾する記事を執筆

二日後、孝紘から封筒が送られてきた。そこには下絵とともに、死刑判決後の心境を記した手紙も添えられていた。

〈前略。絵を送ります！　使い終われば私へ送り返して下さい〉との言葉から始まる手紙は、以下の通りだ。

〈私は一審の死刑判決は当然の判決だと思う。四人もの命をこの手で殺めたのは真実故、私は自分の命をもってケジメを付けるべきと分かっている。

只、控訴の理由は、私がまだやらねばならぬ事が残っている為で、その件が終われば私は素直に判決を受けるつもりである。

最近は何も考えぬ様にしているが、時には外へ残っている家族達や友・知人達の事を考え、己の罪を申し訳ないと考えていたりする。されど、今さら何を言っても仕方がない故、今は何も考えない様にしている。

以上。乱筆乱文にて御免下さい。

北村孝紘〉

この手紙と刺青の下絵を使った記事は翌々週の週刊誌に掲載された。記事のタイトルは『元相撲取りの犯人「死刑判決直後の〝厚顔〟手紙」』というものだ。

私はこの記事のなかで彼の控訴の理由について、次の文章を書いた。

〈この、「まだやらねばならぬ事」とは、父の實雄被告が組長を務めた暴力団『北村組』を新生『二代目北村組』として存続させるための作業だという。周囲を愚弄するにも程がある。文面はこう続く〉

そこでふたたび孝紘の手紙を最後まで引用して〈一見、犯行を反省しているような素振りを見せながら、実態は遺族感情を逆撫でする身勝手な主張をしているのだ〉と続け、そこから被害者遺族に取材した憤りのコメントを掲載し、最後は以下の文でしめた。

〈孝紘被告からの手紙は、そんな遺族の心をさらにかき乱そうとしている〉

記事を読んだ孝紘の反応

厳しい言葉を原稿に使うことは、事前に孝紘に話していた。

「孝紘さんね、私はいまこうして親しく話をさせていただいてますが、あなたが起こした事件の内容について、庇い立てることはできません。だから、手紙を送ってはいただきますけど、記事にはきちんと悪いことは悪いと書かせてもらいますね。そのことはあらかじめお断りしておきます」

すると彼は笑みを浮かべ、「べつにいいばい。やったことは人殺しやけんね。小野さんも仕事やろうけん、好きに書いたらよか」と返してきたのだった。

事実、その記事がもとで、私と孝紘の間に張られた糸が切れることはなかった。記事が出た一週間後に彼から手紙が届き、〈前回の面会の後、他の者と喧嘩をしてしまいまして自由がなかった為、連絡出来ませんでした〉と、懲罰房に入って連絡が取れなかったことを詫びたうえで、〈別になければいいのですが、何かあれば何でも質問して下さい。私なりの答えで精一杯頑張って答えさせて頂きます。お世話になりましたので、私なりに一生懸命協力させて頂きたく思っております〉との言葉が添えられていた。

私はその手紙を受け取った直後、福岡県で〇四年から〇五年にかけて発生した〝福岡三女性連続強盗殺人事件〟の、福岡地裁での判決公判を傍聴する仕事があったため福岡市へ行き、取材の合間を縫って孝紘と面会した。

「もうくさ、俺は小野さんの原稿で極悪人になってしもうたばい」

いたずらっぽい目で孝紘は切り出した。

「まあまあ、私はあくまで事実を書いただけですから」

そう私が返して、しばらく雑談をしていると、孝紘は「そうそう。俺くさ、自伝みたいなんを書きよるったい。生い立ちから、小・中学校、少年院、暴走族、相撲部屋、極道のことやらいろんな話があるけんね。あと今回の事件についてもそうたい。これらを全部ありのまま、百二十パーセント暴露しようと思うとるがけんくさ、書き上げたときは協力しちゃって。それからくさ、うちの母ちゃんもなんか自伝みたいなことば書きようみたいなんよ。やけくさ、そっちのほうも頼むったい」と口にした。

その話をおもしろいと思った私は頷く。すると交渉に長けた彼は、両手を合わせて、あることをお願いしてくる。

「そいでくさ、小野さん、悪いけど今度出る刺青の画集があるっちゃけど、それば買って差し入れてもらえんかね。代金はあとでかならず払うけん」

これはある意味での利益供与ということになるのかもしれないが、私は快諾した。当然のことながら、買って送ってから代金を請求するつもりもなかった。彼が頼む本は総額で一万円以下のものであり、それくらいは私のポケットマネーで賄える。貴重な情報提供の代価としては安すぎるくらいだ。

初めての反省の言葉

頼まれた本を差し入れると、孝紘はすぐにお礼状を書いてきた。また、翌年の正月には年賀状も送ってきている。死刑判決が出た人物からの年賀状は〇三年に発生した〝福岡一家四人殺人事件〟の魏巍《ウエイウエイ》（現在は確定死刑囚）から受け取って以来のことだった。

ちなみに孝紘からの年賀状と暑中見舞いは、のちに彼の死刑が確定してからも、代理人を通じて現在に至るまで続く。
○七年二月二十七日に福岡地裁久留米支部で開かれた父・實雄と兄・孝の公判で、二人に死刑判決が言い渡され、家族四人が死刑判決を受けるという異例の事態になったときも、私は『大牟田殺人一家の次男「獄中からの冷血手紙」』というタイトルで記事を執筆した。
この際も孝紘には、判決が出たあとに現在の心境を手紙に書いてもらった。

〈(父と兄への) 死刑判決については俺も仕方がない当然の結果であると思う。只しかし、息子・子分としての立場で、人情的気持ちで言うなれば、俺は別に死刑でも何でも良いが、父・母には出来る事なら無期の判決であってほしいと思う。(中略) 兄・孝については逆に死刑になってもらわねば四人の死者達へ顔向け出来ないので困る！〉

彼が書いた便箋三枚の手紙には、被害者四人の名前を挙げ〈勝手な事で悪いが、可哀想な事をして申し訳ないと思っている！　決して許せとは言わぬがその思いは一つ分かって頂きたい〉と、初めて反省の言葉が入っていた。しかし、それに続いて遺族の感情を逆撫でする文言が並ぶのだ。

〈君達はもう死んで時間は止まっているが、俺達はまだ少しの間生きていられて、時間も流れている。なので誠に申し訳ないが俺等は残された時間を精一杯生きさせて頂きます〉

そのため、私は孝紘が手紙に初めて寄せた反省の言葉は疑わしいと指摘し、被害者遺族の思いをあざ笑うかの如き内容だと書いた。

殺人犯の元カノに感じた〝母性〟

「一光さん、ちょっとお願いしたいことがあるっちゃけど……」

母の真美が書いているという手記についての話をするため、孝紘と面会していたときのこと。彼は唐突に切り出した。

「じつは今度、俺の彼女やったサトミ（仮名）が誕生日ったい。そやけんカネは俺があとで払うけんくさ、どっかレストランにでも連れてって、メシば食わしちゃってくれんやろか」

私は、そんな若い女性が中年男と食事をしても喜ぶとは思えないと口にした。すると彼は「ぜんぜん大丈夫やけん」と笑った。

「あいつにはいろいろ世話になっとるけん、俺も感謝の気持ちを伝えたいったい。面倒やろうけど、なんとかメシば食べさせちゃって」

孝紘は差し入れをねだるときと同じく、両手を合わせて頼む仕種を見せた。サトミはすでに孝紘とは別れ、新たな彼氏がいる。しかし、孝紘への面会にはやってきており、なにかと世話をしていることは耳にしていた。さらにいえば、孝紘に頼まれて、サトミの携帯電話に連絡して「孝紘が面会に来てほしいと言ってるよ」との伝言を引き受けたこともあった。

「わかったよ。けど、なにを食べさせるのがいいかねえ」

「そんなん、なんでもよかよ」

「そうは言っても、好物とかあるでしょ?」

「そうたいねえ。肉とか好きやったねえ」

すでにこの時期になると、私と孝紘はいわゆる〝タメ口〟で話す間柄だった。さらに彼は私のことを「小野さん」ではなく、「一光さん」と呼ぶようになっていた。

サトミと食事をすることになったのは数日後。電話をした際の彼女の反応は「孝紘がそんなこと言いよると? わかりました。どうしたらいいですか?」というものだった。

そこで、私はまずサトミに孝紘と面会をしてもらい、そのあとで待ち合わせることにした。

十七歳になったばかりのサトミは、顔立ちや躰《からだ》つきに幼さの残る、小柄な少女だった。服装はヤンキーが好むタイプのもので、ミニスカートを穿いている。その姿を目にしたとき、まず想像したのが、これは誰がどう見ても、援助交際をしようとする中年男と少女の組み合わせだな、ということだった。そんな恥ずかしさから、一緒に入ったステーキ店では、私はすぐにノートを広げ質問した。

「今日は孝紘はどんな様子だった?」

「いつも通りでしたよ。ただ、ちょっと痩せた感じがしましたね」

今回、孝紘との面会は約一カ月ぶりだという。私はサトミになぜ孝紘とは別れたのに面会に行っているのかを尋ねた。

「だって、うちが行かんと寂しがるやないですか。これまでいろいろ優しくしてもらったけん、そのお返しもせんといけんし……」

ここで私は、二人が交際するきっかけについて話題を振った。

「最初は、レイプやったとです。車に乗せられて、無理やり……」

以前から顔見知りだったそうだが、孝紘は有無を言わせぬ手段を使ったと彼女は言う。

「レイプって……そんな相手をなんで好きになったの？」

私は当然の疑問を口にする。するとサトミは平然と返した。

「レイプは嫌やったけど、そのあとで優しかったけん。車でいろいろ連れていってくれたり、行ったことのないような店でごはん食べさせてくれたり……。ほんなごつ、うちがいままで経験したことないくらい優しか人やったと。そんで、付き合うようになったし、好きになっていったっちゃん」

こういう話が現実にあるということを、私は彼女への取材によって知った。サトミは続ける。

「孝紘はうちにいっぱい愛をくれたけん、あげんことになったあとでも、うちが見捨てたらいかんと思うし、できる限り最後まで面倒ば見たいっちゃんね」

まさに十七歳の少女のなかにも〝母性〟が宿っていることを、実感させられた経験だった。

共犯者である母・真美との面会

「一光さん、うちの母ちゃんが会ってもいいって言いよるけん、会いに行っちゃって」

孝紘からそう伝えられたのは、サトミを食事に連れていって少し経ってからのことだ。

この時期、福岡市で発生した殺人事件取材や裁判の傍聴などで同市に行く機会の多かった私は、空いた時間に孝紘との面会を重ねていた。彼からは最初の面会から間もなくして、「俺が家族の窓口になるけん、勝手に面会やら行かんように」と厳命されており、同じく福岡拘置所にいる両親や兄との面会は控えていた。母の真美と毎日のように手紙で連絡を取り合っていた孝紘は、彼女から自分の人生を綴った手記を託され、私にそれを渡す前に真美との面会を仲介してくれたのだった。孝紘は続けて言う。

「俺は小さい頃から少年院やら入っとうけん、こういう環境は慣れとるけど、母ちゃんはほとんどそういう経験なかけん、拘置所生活は辛かろうったい。なんか慰めの言葉でもかけちゃって。あと、差し入れも頼むばい」

判決公判の日、死刑を宣告された直後、真美は「すみませんが、五分だけください」と切り出すと、傍聴席を振り返って臨席する被害者遺族へ犯行を詫び、続いて社会に対して迷惑をかけたことを謝罪した。そして孝紘に向かって、「孝紘、ごめんね。お母さんが悪い」と言う場面があった。すると孝紘が、母をいたわる口調で「なるようにしかならんやろ」となだめる光景を目の当たりにした。その後も、面会時に両親のことを気にかける言葉をたびたび聞くなど、彼の家族に対する思いの強さを感じていた。私は孝紘に礼を言うと、翌日真美に会いに行くことを約束した。

「孝紘からお話は聞いてます。いつも孝紘がお世話になっているようで、ありがとうございます」

真美は緊張した表情で面会室に現れると、深々と頭を下げた。裁判での冒頭陳述の内容や、周辺での取材でイメージしていた暴力団の姐としての強面な部分は、すっかりそぎ落とされている。

殺人犯であり、死刑判決が下された母子の両方に会うというのは、これまでの取材経験でも初めてのことだ。私は孝紘が元気にしていることをまず口にし、続いて彼との出会いについて語った。

「孝紘をこんなことに巻き込んでしまい、母として本当に申し訳ないことをしたと思ってます」

真美は反省を口にすると俯いた。

「お母さんこそお躰は大丈夫ですか？　孝紘さんがそのことをすごく心配してました」

事件のことを質問するのではなく、あくまでメッセンジャーに徹することを意識していた私は、彼女に対して孝紘の話題をできるだけ入れ込んで話しかけた。

「私は大丈夫なので、孝紘には心配しなくていいからってお伝えください」

こちらがなにか必要なものはないかと尋ねても、「いいえ、大丈夫です」と真美は答える。そうしたやりとりをしているうちに、やがて面会時間の終わりが近づいてきた。それを知った真美は私の目を見つめる。

「小野さん、これからも孝紘を、あの子をよろしくお願いします。あの子はああ見えて、すごく優しい子なんです。いまも私のことを心配して毎日のように手紙をくれます。今回の私の手記を記事にすることは聞いています。私のことはなんと書いても結構ですので、孝紘については、あの子が傷つかないように、どうかよろしくお願いします」

私はそこでも、事件に関しては当然非難する内容になることを伝えた。ただ、孝紘については、事実の部分は変えられないが、できる限り気を遣うことを約束した。また、このあとも彼との付き合いは続けていくつもりであること、彼に寄り添えることがあれば、そうするつもりであることを告げた。

母はそこで少し安心した表情を浮かべ、ふたたび深々と頭を下げた。

殺人とは〝魔の時〟が引き起こすのかもしれない

翌日、私は孝紘と面会すると、前日の様子を詳しく伝えた。そして、彼があらかじめ受取人を私の名前にした真美の手記を、拘置所内の窓口で〝宅下げ〟したのだった。

それから数日後、真美からの封書が私の自宅に届いた。

〈前略　小野一光様
先日から御世話になったままで…御礼が遅くなって申し訳ありません。この様な大惨事をおこした、私達親子に数々の御恩情をかけていただき、有難うございました〉との文面で始まる手紙には、現在の心境や今後の控訴審に向けた思いが書かれていた。

〈今は私の人生の全てが罪であったかの様に思えてなりません。（中略）しっかり自分の力で人として、亡くなった4人に「今から行きます…待ってて下さい」としっかり手を合わせて、行かせていただきたいと思っております。今は検察官の言われる、ハゲタカや殺人マシーンという言葉に胸が詰まっていますが、私は吐き捨てられた様な公判にならないよう、しっかり法廷で、私の思いを伝えたいと考えております〉

この手紙の終盤には、取材を生業にした私の職業を気遣った言葉が添えられていた。

〈先日、小野さんはきっと何か尋ねられたい事がおありになったのだろう…と思い、今の私の思いだけを書かせていただきました。御礼まで遅くなり、本当に申し訳ありません。有難うございました。どうぞこれからも御活躍される事を祈っております〉

こうした手紙を読むと、私のなかで殺人というのは、人が実行するものではあるが〝魔の時〟が引き起こすものなのではないかとの思いが、より一層強くなる。

殺人一家の母になるまでの壮絶人生

真美から託された手記は、四百字詰め原稿用紙に四百十枚とかなりの分量だった。そこには彼女の生い立ちから、事件の実行に至るまでのことが書かれていた。

私はその手記と、孝紘から渡された兄・孝に対する北村組からの「絶縁状」を使い、『大牟田4人惨殺事件　元力士の次男と長男は裁判中に決別』というタイトルの記事を書いた。

大牟田市で炭鉱労働者の父と美容師の母の四女として生まれた真美は、小学二年生で母を亡くした。そんな彼女は小学四年生のときに裸でもつれ合う父と祖母の姿を目撃してしまう。〈それからの私は、全て反抗心が先に立ち、何があっても知らないふりをする様になり、学校も家も大嫌いであった〉と記す。家や学校で反抗を繰り返すようになった彼女は、中学卒業後すぐに二十八歳のヤクザと出会い、十五歳にしてスナックで働き始め、十六歳で妊娠、中絶を経験する。

やがてそのヤクザと別れ、看護婦（当時）の見習いをしていた頃に出会った二十六歳の会社員と同棲中に妊娠。ようやく幸せな生活を手に入れたが、彼女の十七歳の誕生日の直前、交際相手が交通事故で亡くなり、ショックで子供を流産してしまうのである。

その後、二度の結婚と離婚を繰り返し、二十歳頃に出会っていた實雄と二十四歳で再々婚した。以来、真美は〝極妻〟としての毎日を過ごすが、それもまた茨の道だった。

〈抗争事件で私宅にも散弾銃が撃ち込まれ、妊娠していた私は八カ月の子を死産。（中略）私の枕の下には、いつも一丁から二丁の銃が置かれており、とても身体を休める余

裕などない〉

覚せい剤をやっている實雄から、些細な理由でひどく殴られることも日常茶飯事だったという。しかし逃げたらなにをされるかわからない恐怖心、さらには腹を痛めて産んだ子供たちを放り出すわけにはいかないとの思いが、彼女を北村家に留めていた。その結果、今回の事件に手を染めてしまったのである。

〈私の軽はずみな言い方が、ここまで事件を大きくしてしまった。私自身、悔やむばかりで、三人の少年を巻き添えにしてしまった事や、私自身の我が子を巻き添えにした事を考えると、今こうして生きている自分が恨めしくも思えてくる。（中略）自分がどれ位、残酷な罪をおこしてしまったのか、毎日毎日手を合わせても、誰にその思いが届くものか、分からず、不安で有りながらも、もう二度と、あの悪夢の時の様に自分の心を見失っては、ならないと思っている〉

反省の言葉はともあれ、真美のこうした生い立ちが裁判で明らかにされることはない。それこそが、取材でしか表に出てこない事件の背景であると思う。

あるがままの姿を覆い隠さず記録する

孝紘と初めての面会をしてから約一年二カ月後の〇七年十二月二十五日、彼と真美の控訴審判決公判が福岡高裁で開かれ、二人の控訴は棄却されて死刑判決が下された。

その公判の十日ほど前に、私は孝紘と会ったが、彼は「判決の日はクリスマスやろ。死刑判決が出たら『素敵なプレゼントをありがとう』って言うちゃろうかね」とおどけていた。現実ではシリアスな立場にある孝紘だが、彼はいつも冗談を口にする。それこそ私が「なにか差し入れてほしいものはありますか」と面会時に尋ねると「愛」と答えたりするのだ。また、〇七年八月に届いた葉書には次のような一文もあった。

〈何か持って来てほしい物あれば言えって書いてありましたので書きます。1．愛・LOVE！ 2．自由。3．女（女体）。4．L。スピード。ハッパ&水パイプ。（笑）冗談です。まあ、入れ墨・刺青関係の本等が嬉しいです。いつもいつも甘えて申し訳ありません。誠に感謝しております。有難う一光さん〉

蛇足ながら説明を加えておくと4．で出てくる「L。スピード。ハッパ」はいずれも違法薬物である。

こうした（自業自得ではあるが）みずからの置かれた苦境を冗談などに転化する力は、彼自身が口にする「拘置所慣れ」ということかもしれない。抗えないものであるならば、そのなかでできることを最大限楽しむというものだ。

実際、この年の秋に孝紘は、担当となった弁護人の協力を得て、自身の刺青下絵画集まで作成しているのだ。『証』と名づけられたその画集には下絵八十枚が使用されており、彼は〈私は今、重罪を犯し「死刑」の判決を受けている「死刑囚」である。そして今、福岡拘置所内にてこの下絵を書き続けています。私に残された少ない時間の中で、私の愛する日本の伝統刺青を極めんが為、日々修行に精進している。又、この下絵集を作るに当たって、私は「死刑」とは言え、ここに「私」という一人の男がたしかに存在していたことの「証」としたい〉との序文を寄せている。

もちろん、こうした孝紘の行動のすべてが、被害者を冒瀆したとみなされ、遺族の感情を逆撫でするることは、火を見るよりも明らかだ。

だが、そのすべてを覆い隠すのではなく、彼が考えたこと、行動したことを記録することも、私の役割であると考えている。

いつしか抱いていた凶悪犯への〝情〟

じつは孝紘自身も、徐々にではあるが変化をしていた。孝と實雄の地裁判決後に送ってきた手紙では、被害者に対して〈可哀想な事をして申し訳ないと思っている〉と書きつつも、〈君達はもう死んで時間は止まっているが、俺達はまだ少しの間生きていられて、時間も流れている〉と続けるなど、真の反省は見られなかったが、その約十カ月後の、彼の控訴審判決前に送ってきた手紙には以下の言葉があるのだ。

〈被害者側へは、原さま（原純一さんの遺族）へは以前通り、〝申し訳ない〟の只一言

である。亡くなった四名も、又同じ思いで〝合掌〟である〉

こうした手紙以外にも、面会しているときに「原さんには悪いと思っとる。龍幸や穣吏にもすまんかったと思っとる」と口にするようになっていた。これは、時間が経ったからこその、彼の心境の変化だった。

私はここまで孝紘と関わりを持った以上、彼の死刑が確定して面会できなくなるまでは、付き合いを続けなければいけないとの気持ちになっていた。いくら本や雑誌を差し入れているとはいえ、こちらも孝紘を〝利用〟して、数多くの記事を作ってきたのだ。雑誌的なバリューがなくなったからといって、いきなりぷつりと連絡を絶つわけにはいかない。なにより、私のなかに彼に対する〝情〟が湧いていた。

また、孝紘も私の存在を社会への〝窓〟と捉えていた節がある。彼からの手紙にこんなことが書かれていたことがあった。

〈一光サン、先日の面会は誠に有難うございました！　一光サンとの面会が外の情報が

入って来るので、現実感を味わえて一番嬉しいのです！　今月も又来て下さるとの事なのでバリ×2楽しみに待っておきます〉

最後の面会で見せた初めての涙

そんな彼との最後の面会は、最初に会って五年後となる一一年十月だった。上告が最高裁で棄却され、死刑が確定したのである。これ以降は親族など限られた相手しか面会できなくなるという期日の直前、私は福岡拘置所を訪ねた。

「これから面会できる相手は制限されるけどくさ、まだこれからも××先生（弁護人）やらに手伝ってもらって、雑誌やら作るつもりやけん、そんときは一光さんも原稿とかで協力しちゃりいよ」

孝紘は最後の面会でも未来を語る。約十分の面会時間の終了を告げるタイマーのベルは、あっという間に鳴った。

「もう会えなくなるけど、いろいろありがとう。躰に気をつけて」

彼の未来には死刑が待っているというのに、私はその躰を気遣う言葉しか口にすることができない。

孝紘は椅子から立ち上がると、直立不動の姿勢を取って神妙な顔を見せた。

「一光さん、俺こそこれまで長い間お世話になりました。本当にありがとうございました」

そう口にすると深々と頭を下げた。顔を上げた彼の目には涙が浮かんでいた。初めて見る涙である。

彼は刑務官に連れられて、小さな面会室を出ていった。扉が閉まるまでその後ろ姿を見送った。

凶悪犯との別れに胸が締めつけられる。そんな経験は初めてのことだった。

第3章　松永太の笑顔

——北九州監禁連続殺人事件

始まりは十七歳少女の監禁・傷害事件だった

吐き気をもよおすほどの嫌悪感しか生まれない、おぞましい事件というものがある。それを初めて知ったのは二〇〇二年のこと。なにも考えずに飛び込んだ福岡県北九州市の現場だった。

事件は同年三月に、六年以上にわたって中年の男女二人に監禁されていた十七歳の少女・広田清美さん（仮名）が逃げ出したことで発覚した。彼女は男女からペンチを使って右足の親指の生爪を自分で剝ぐように強要され、負傷しているという。

殺人事件ではなかったが、〇〇年一月に発覚した、新潟県で少女が九年二カ月にわたって監禁された事件の記憶が生々しく残っていた時期だ。その事件に対して二カ月ほど前の〇二年一月に、新潟地裁で懲役十四年の判決が出たばかりだった。そうした世間の関心が高いとき、週刊誌は大規模な編成で取材に当たることが多い。そこでフリーランスの私も、この北九州市の事件の取材班に組み込まれたのである。

清美さんへの監禁・傷害容疑（起訴時は監禁致傷罪）で緊急逮捕された男女は黙秘を

続けており、彼らが日常生活でも偽名を使っていたことから、送検時も本名不詳という状態だった。また、北九州市内の別のマンションで、清美さんが男女から世話を命じられていた、誰の子供だかわからない男児四人が見つかり保護された。そうした状況から、当初は男女について、北朝鮮の工作員やカルト教団の信者なのではとの憶測が飛び交った。

真下の部屋の住人が聞いた不気味な音

やがて時間の経過とともに、事件は新たな展開を見せる。まず、清美さんが自分の父親は男女に殺されたと説明していることが報道された。続いて、家宅捜索で発見された女の保険証により、男は四十歳の松永太《ふとし》であり、女は同じく四十歳の緒方純子であることが明らかになった。その後、徐々に判明していくのだが、松永は「ミヤザキ」「ヤマモト」「田代博幸」「ノグチ」「ムラカミ」「ミズシマ」などの偽名をこれまで名乗っており、緒方もまた「モリ」「橋本」「田中」「野上恵子」「オオタワ」「オカヤマミチヨ」といった名前を使い分けていた。

さらに保護された四人の男児のうち、六歳の双子の母親だという女性が名乗り出て、探偵業をやっている東大卒の外科医で「田代博幸」と自称する松永にそそのかされて、約二千五百万円を支払ったうえで子供二人を預けていたことが判明。残る九歳と五歳の二人の男児は、松永と緒方の実子であることがDNA鑑定で確認されたのである。

現場周辺の地取りをしていた私は、松永と緒方が借りていた三室のマンションのうち、清美さんが父・広田由紀夫さん（仮名=当時34）と一緒に松永や緒方と共同生活を送った三萩野マンション（仮名）の、真下の部屋に住む住人を取材した。すると以下の話が出てきた。

「五、六年くらい前からやけど、深夜にね、上の部屋からギーコ、ギーコってノコギリを挽く音がするんよ。それが何日も続き、しばらく間が空いてからまた聞こえるっち具合に繰り返されよった。もう、なんの音やろうかっち思いよったんよね。そんで、あの部屋を中心に二年近く異臭が漂いよったんよ。肉が腐ったような、耐えられん臭い。さすがに冬場はあまり臭わんかったけど、夏になると二階にまで臭いがおりてきよったけね」

それは清美さんによる、父が殺害されたという話に結びつく内容だった。彼女は当時、遺体はバラバラにされ、砕かれた骨は海に遺棄されたと説明していた。

徐々に拡大してゆく事件規模

〇二年四月、福岡県警は松永と緒方を四十一歳の女性・原武裕子さん（仮名）への監禁致傷容疑で再逮捕した。彼女は一九九六年から九七年にかけて、松永と緒方から七十七日間にわたって監禁され、暴力を振るわれており、アパートの二階から逃走を図った際に、腰椎骨折や肺挫傷の重傷を負っていた。

裕子さんは百三十三日間の入院生活を送り、実家に戻っていたが、極度のＰＴＳＤ（心的外傷後ストレス障害）を負っており、怯えから事件のことは口外できず、被害届も提出していなかった。しかし、松永らの監禁から逃げ出した清美さんの供述によって被害が明らかになり、事件化されたのである。

続いて五月中旬に、松永と緒方は先の原武裕子さんへの詐欺・強盗容疑で三度目の逮捕をされるのだが、この逮捕は〝本件〟である殺人を立件するための準備期間だと見られていた。しかもそれは、清美さんの父である広田由紀夫さんの死に留まらず、さらに範囲が広がる可能性が疑われるものだった。

というのも五月初旬に一部のメディアが、緒方の親族六人が多額の借金を抱えて行方不明だと報じたのである。さらには三度目の逮捕の前に、その親族の一人で緒方の妹の娘である緒方彩ちゃん（当時10）殺害容疑で、福岡県警が三萩野マンションの部屋を家宅捜索して、浴室タイルや配管などを押収していたことが明らかになったのだ。

じつは、この段階で私が頼りにしていたのは、自分自身の地取り取材と新聞やテレビによる報道だった。というのも直接、警察からの情報を得ることができないため、捜査が水面下でどのように進んでいるのかわからなかったのだ。しかし、松永らが三回目の逮捕をされたあたりから、少しずつではあるが、捜査情報が入ってくるようになってきた。

当時、この事件が連続殺人にまで広がる可能性を意識した私は、みずから企画を持ち込んで、月刊誌で執筆する予定があった。そのための取材を始めており、地取り取材でいくつもの現場をまわるうちに、何度も顔を合わせる地元の新聞やテレビの記者たちと、言葉を交わすようになったのである。

とくに新聞の浅野記者（仮名）と、テレビの井上記者（仮名）と親しくなれたことは大きかった。県警を担当する、いわゆる〝サツ担〟である彼らとはそれぞれ、ほかの記者の目が届かない喫茶店や飲食店で〝密会〟するような間柄となっていた。

同業者との情報のやりとりは、さじ加減が重要

こうした関係を始めるためには、こちらが独自の情報を持っていることが前提となる。立ち話のなかで、相手が私の持つ情報に興味を示したら「一度どこかでお会いして」と誘うのである。さらに、そうしたやりとりをその後も続けるためには、情報のギブアンドテイクが原則となる。私が地取りで得た情報のうち、渡しても差し障りのない、しかし相手が持っていない情報を提供するかわりに、先方からもこちらが入手できない捜査情報などを聞かせてもらうといった具合だ。ちなみにこの、〝差し障りのない〟というもののなかには、いまは私だけが持つ情報だが、掲載誌発売までのタイムラグの間に、かならずどこかの新聞やテレビが摑むに違いない情報というものも含まれる。こちらに

とっては発売前に〝腐ってしまう〟情報なのだが、先方にとっては他社より少しでも早く欲しい情報ということだ。

このように書くと、いかにも簡単そうなやりとりに思えるかもしれないが、相手にするのは地元に地盤を持ち、多くの記者を動員してローラー作戦を実行している媒体である。そのため彼らが得ていない情報を得ることは、並大抵のことではなかった。また、こちらの隠し玉をうっかり見せてしまうと、雑誌の発売前に報じられてしまうため、さじ加減には充分な配慮が必要となる。

加えて情報のやりとりにもコツがあった。こうした話をする際には、「なにかないですか？」という聞き方をしたりはしない。すでにこちらが得ている、ある程度は具体的な情報を挙げて、その真偽を確認するというかたちを取らなければならないのである。

互いの情報を突き合わせてネタのウラを取る

〇二年の夏、井上記者から「どうやら緒方の妹の長女・彩ちゃんと長男・優貴くん（当時5）も殺害されているというサツ（警察）情報がある」と聞いた私は、郊外のフアミリーレストランで浅野記者と会った際に、次のようなやりとりをした。

「浅野さんね、彩ちゃん殺害のガサ状（捜索令状）で三萩野マンションの家宅捜索に入りましたけど、じつはその他の行方不明になってる親族のうち、優貴くんも殺害されてるという話があるんですよ。実際のところどうなんでしょうねえ」

私がそう切り出すと、浅野記者は身を乗り出した。

「あの三萩野マンション、いま捜本（捜査本部）が捜査活動費の名目で家賃を払い続けて、現場保存してるんですよ。そのことも含めて優貴くんも殺されてる可能性は高いでしょうね。ただ、どうにも関係者の口が堅くて、まだうちは優貴くんに関してはウラが取れてないんです。その他の親族にしても、緒方の両親は九七年の十一月を最後に見かけた人はいませんし、妹夫婦も九八年の早い時期を最後に親族との連絡が途絶えてるんで、安否を知りたいところなんですけど、どうしても話が出てこない。いまのところは、清美ちゃんの父である由紀夫さんと彩ちゃん、どっちの件で先に殺人で再逮（捕）かってことに関心が集まってますね」

結果として松永と緒方は、〇二年九月に緒方彩ちゃんへの殺人容疑で四度目の逮捕となった。その一報を聞き、私はすぐに浅野記者へ電話を入れた。というのも、被疑者が逮捕された場合、記者クラブには逮捕事実について説明された用紙が配布されるからだ。周囲に人がいない場所へ移動してから、電話をかけ直してきた彼は言う。

「犯行日時は平成十年（九八年）六月七日頃で、殺害場所は三萩野マンションの台所のようです。文面は〈被害者の体に電気コードの電線に金属製クリップを取り付けた道具を取り付けて通電させ、そのころ同所において、感電死させて殺害したものである〉とありますね。あと、この逮捕で捜査が殺人事件に変わったので、捜査本部の名前もこれまでの『北九州市小倉北区内における少女特異監禁等事件捜査本部』から、『小倉北区のマンション内における監禁・殺人等事件捜査本部』に変更されました」

なお、彩ちゃんの殺害方法について、逮捕と起訴の際には、清美さんが供述していた通電によるものとされてきたが、本件の裁判では絞殺だったという緒方の供述が採用され、死因が変更されたことを付け加えておく。

月刊誌の締め切りの都合上、私はこの時点までの確定情報を詰め込んだ記事を執筆した。そこには、殺人での逮捕より前に起訴されていた監禁致傷や詐欺、強盗などの事案に対する裁判の傍聴記録も織り込んでいる。

私が傍聴したのは七月に開かれた第二回公判だったが、どちらかといえば、法廷では松永よりも緒方に余裕が感じられた。というのも閉廷後、緒方は先に立ち上がると、まだ被告人席に座っていた松永の目の前に顔を近づけ、「大丈夫？」とでもいうような笑顔を見せたのである。続いて弁護団の前を通るとき、彼らになにかを語りかけ、ふたたび笑顔を見せた。いくぶんこわばった表情の松永と、笑顔の緒方というのは、まさに対照的な存在だった。しかし、彼らの逮捕容疑に殺人が加わったことにより、第三回公判は延期されることになる。それから間もなく、驚きの展開が待ち受けていることなど、この段階ではまったく想像していなかった。

緒方の〝完落ち〟で判明した七人もの連続殺人

〇二年十月、松永と緒方は緒方の父である緒方誉《たかしげ》さん（当時61）の殺人容疑で五度目の逮捕をされた。その逮捕から十日ほど経ったある日のことだ。私の携帯電話に井上記者からの着信があった。

「小野さん、どうやら緒方が〝完落ち〟したそうですよ。自分の意思で事件について全部話すと言い出したみたいです」

緒方は一カ月前の彩ちゃん殺害での逮捕時には「(逮捕容疑は)嘘です。黙秘します」と口にしており、誉さん殺害での逮捕時には「容疑事実については合っているか合っていないか言いません」と発言するなど、頑な姿勢を崩していなかった。しかしその緒方が〝落ちた〟というのだ。

私はすぐに旧知の週刊誌編集者に電話を入れ、取材を始めることの許可を得た。その翌日、緒方の弁護団が異例のコメントを発表した。内容は以下の通りだ。

「緒方容疑者より自分の意思で『私の家族のこと、松永のことを考えて、事実をありのままお話しする気持ちになりました』との申し出がありました」

そして実際、緒方は捜査本部に供述を始めたのである。調書の作成に応じ、殺意は否認するものの、誉さんと彩ちゃんの死亡に関与したことを認め、その他の親族が死亡していることも明かした。これらの情報について、私は井上記者と浅野記者にそれぞれ確認の電話を入れている。かくして、事件は清美さんの父と緒方の親族六人の、合わせて七人もが死亡した連続殺人へと、広がりを見せたのだった。

やがて十二月になると、緒方の母である緒方静美さん（当時58）への殺人容疑で、松永と緒方は六度目の逮捕をされる。以後、〇三年一月に緒方優貴くん、同年二月に広田由紀夫さんと緒方の妹である緒方理恵子さん（当時33）が被害者となった殺人容疑での逮捕が繰り返され、六月二十日に理恵子さんの夫である緒方主也《かずや》さん（当時38）への殺人罪での起訴が行われたことを最後に、すべての事件についての捜査が終結した。

事件化されなかった被害者の、両親に会いに行く

松永と緒方による世にもおぞましい犯行内容は、やがて裁判で詳《つまび》らかにされていくことになるのだが、その一方で私は松永と緒方が関わったとされる、サイドストーリーも追っていた。というのも、彼らのまわりには事件化されることのなかった、その他の被害者がいたのである。

私が最初に接触しようとしたのは、福岡県の筑後地方に住んでいた末松祥子さん（仮名）という女性の親族だった。彼女の存在を教えてくれたのは浅野記者である。彼は説

明した。

「八五年頃に松永と一時交際していた祥子さんは、すでに結婚して子供が三人いたのですが、カネに窮した松永から九三年に連絡があり、甘い言葉を囁かれてふたたびヨリを戻します。同時期に緒方は松永の子を妊娠しており、松永は緒方について『自分の会社の従業員で気の毒な女性がいる』と紹介して彼女の同情を誘い、金銭面での援助を求めていました。松永と新たな生活を送るつもりだった祥子さんは、夫のもとを出て緒方のため金策に走っていたのですが、その渦中でまず連れていた子供の一人が頭を強く打って死亡。続いて祥子さんも九四年三月に大分県の別府湾で水死しているのが発見されました。警察はその死について自殺と断定しています」

私は浅野記者に教わった祥子さんの実家へと向かった。商売をやっている家のようで、正面には事務所があり、母屋は奥にある。事務所に誰もいないため、その脇を通って母屋へと進むと、初老の男性が玄関先にいた。

「なんですか?」

男性がこちらに気づいたので、私は頭を下げて取材のためにやってきたことを告げ、詳しい話を聞かせてもらえないかと切り出した。その際には「祥子さんも松永らの被害者だと思うんです」との言葉を添えることを忘れなかった。

「うーん、そう言われてもくさ……」

祥子さんの父親だと頷いた男性は、顔を曇らせた。そのときだ。

「おたく、どちらさん？」

奥から父親と同世代の女性が顔を出した。祥子さんの母親だと思しき女性の声は険しい。こちらが雑誌名を口にすると、彼女は言った。

「もう、なにも喋ることはないですけん。お引き取りください」

私は「どうもすみません」と頭を下げながらも食い下がる。

「ただ、このままだと祥子さんの事件はなかったことにされてしまう可能性が高いと考えてるんです。松永と緒方の非道を訴えるためにも……」

「それはわかります。けど、もう警察には全部話してますから。お引き取りください」

私はこれ以上は無理だと思い、「お気持ちを害させてしまい、申し訳ありません」と頭を下げ、引き揚げようとした。すると、目の前の父親が私にだけ聞こえる小声で囁いた。

「うちの母ちゃんば取材されるんを嫌っとるけん、表の道に出て左に行ったとこで待っとって。あとで俺がそこに行くけん」

松永と緒方の嘘に取り込まれた女性

その言葉を頼りに、敷地から外に出た私は、家を出て左手に折れると路上で待った。すると数分後、祥子さんの父親は言葉通り表に出てきたのである。

「お気を遣わせてしまい、申し訳ありません」

私はまずそう口にすると頭を下げた。このように、取材では頭を下げてばかりだ。だが、辛い状況の相手に話を聞かせていただく以上、それは当たり前のことだと考えている。

「おたくさん、車で来とるんやったら近くに河原があるけん、そこ行こうか」

父親の言葉で河原に移動すると、運転してきたレンタカーのなかで、私は彼、末松健一さん（仮名）に事件のあらましを尋ねた。

「祥子の旦那さんに聞いた話やと、あの子んとこに緒方からようけ電話がかかってきとったらしいと。祥子も電話ばかかってくると、夜とかでもいそいそと出かけては、夜遅くに帰ってきよったらしいったい……」

そのことを祥子さんの夫から知らされた健一さんは、毎晩どこに行っているのかと彼女を問い質した。すると祥子さんは「久留米に住んどる緒方さんという知り合いがいて、彼女にもうすぐ子供が生まれるとやけど、旦那さんが助からんごとある（助からない）病気で、ものすごく大変なんよ」と答えていた。祥子さんは九三年一月頃に、手術代として緒方の銀行口座に何度かに分けて約二百三十万円を振り込み、その後も緒方と頻繁に会っていたという。健一さんは続ける。

「あの子は出産後の緒方とも頻繁に会いよったみたいで、夜中に出歩いてばかりやと旦那さんに聞かされた私が叱ったとですよ。そうしたら、涙を流しながら『緒方さんはかわいそうな人なの。貧乏で子供のミルク代もなかけん、米のとぎ汁やら飲ませようっとよ』と言いよりました」

九三年四月、祥子さんは健一さんに「二十万円貸してほしい」と頼み、それが振り込まれてから十日後に、三人の子供を連れて家を出た。書き置きもなにもない、突然の家出だったと健一さんは語る。

「家出してすぐにうちに電話があって、『いま別府におる。観光客の年寄りが多く、うちの子供も可愛がってもらっとるけん、安心してよかよ』と言いよりました。けど、居場所の住所やら家出の理由なんかを尋ねても、それについてはなんも言わんとですよ」

その後も祥子さんは実家にたびたび電話をかけてきては送金を依頼し、健一さんはそのたびに現金を送ったという。また彼女は、自分に届く郵便物はすべて別府市にある郵便局止めで送ってほしいと依頼していた。のちにわかったことだが、このとき祥子さんは北九州市内に借りたマンションに住んでおり、松永や緒方もまた、北九州市にいた。

家出から五カ月後の九三年九月。住んでいたそのマンションで、祥子さんの次女が頭に大けがを負い、運ばれた病院で死亡した。次女は二歳になる直前だったが、病院には「椅子から落ちた」との説明がなされ、事故死として処理されたという。

「祥子は一週間後に手紙で子供が死んだことを知らせてきたとですが、死んだ原因については いっちょん（全然）書いとりませんでした。しばらくして電話があり、私が『遺骨くらい送らんか』と叱ったら、信じられんことに、鳥栖駅前（佐賀県鳥栖市）のコインロッカーの鍵が送られてきたとです。『そこに骨壺を置いとるから持っていって』と言われたとですよ」

孫も娘も失った男性の無念

また、連れて出たほかの二人の子供については、夫に久留米市にある託児所に預けているから迎えに行ってくれとの電話があり、彼が引き取りに行った。健一さんによれば、次女が死んでからというもの、祥子さんは人が変わったかのように言葉が刺々しくなっており、年末に健一さんがもう家に帰ってくるよう促すと、「弁護士を立てたけん、これからは弁護士に話してくれんね」と言い、弁護士の名前と電話番号を告げたそうだ。だが、そこに電話をかけると男が出て、「用件は伝えときますから」と繰り返すのみだった。のちに電話に出た弁護士というのは松永だったと、健一さんは警察から聞かされている。

そして家出から十一カ月後の九四年三月、祥子さんは別府湾で水死体で発見された。

この死亡に関して大分県警は、事件性はないと判断している。水死の二日前、祥子さんは別府市に住民票を移したばかりだった。彼女から「躰が悪くなっても、住民票がないと保険に入れんけん」と電話があったため、父親が住民票の移転に必要な書類を送っていたのだ。書類が届いたその夜、祥子さんは実家に電話を入れ、子供の保険金はどうなったかを尋ねてきた。健一さんが「お前がそんなこと（家出）しとるけん、そう簡単に出らんごとぞ（出ないようだぞ）」と返すと、「そうね」とだけ言って、電話は切れたという。

「家出中に私が五百万円、旦那さんが三百万円くらい送金しとりましたし、家出前に定期預金やら生命保険を解約して二百三十万円くらいは持っとったんで、最低でも一千万円は持っとったとです。あとそれに消費者金融から二百万円から三百万円は借りとりましたからね。全部で一千三百万円近くですか。そげんあったとに、祥子の遺体を引き取りに行ったとき、あの子は家を出ていったときと同じ服を着とりました。それに預金口座には三千円しか残っとりませんでした」

健一さんはそこまで語るとため息をついた。無念を静かに語るその横顔に、私は話を聞かせていただけたことへの謝辞を述べるほかなく、彼を家に送り届けた。

情報交換でおおまかな住所しか得られない理由

次に私が辿り着いたのは、松永から虐待を受けていた元従業員だった男性である。

松永は八二年に父親がやっていた布団販売会社を引き継ぎ、福岡県柳川市に布団訪問販売会社『ワールド』を興した。そこで松永は従業員に詐欺的商法を命じ、従わない者には暴力での制裁を繰り返した。その『ワールド』時代に編み出されたのが、のちに殺害された広田由紀夫さんや緒方家の親族に対して虐待手段として使われた〝通電〟なのだった。

私は井上記者と電話で話しているときに、『ワールド』の元従業員で取材を受けた人物がいることを知った。生野秀樹さん（仮名）というその男性が住む場所について、彼が聞いているのはおおまかな場所だった。それがどのような説明かというと「×という公園があって、そこから×方面に進むと、右側に×の店があるらしいんですね。その手前の筋を入っていって、百メートルくらい行った左手だそうです」といったもの。

じつは我々の情報交換でそういったことは少なくない。直接本人が取材した場合は住所を把握しているが、同じチームの誰かが取材した場合、その住所を改めて尋ねたりすると「なぜ？」ということになりかねないのだ。そこで、おおまかな情報を渡すので、あとは独力で探してくれとなるのである。

周辺への聞き込みで辿り着いた生野さんの家だが、呼び鈴を押しても返答はない。駐車スペースに車がないため、どこかに出かけているのだろう。これもまた取材ではよくあることであり、帰宅を待ち続けるか、機会を窺って何度か訪ねるほかない。そこは住宅地の狭い路地に面しているため、私は近くで帰りを待つことは諦めて、夜にふたたび訪問することにした。

ドアを開けてくれた取材はなんとかなる

夜になって家の脇に車が停まり、屋内に明かりが灯っているのを見た私は、呼び鈴を押した。成功か失敗かどちらに転がるかわからない、もっとも緊張する瞬間だ。

「はい？」

玄関の内側から男性の声が返ってくる。

「すみません、私は××（雑誌名）の小野と申しますが、生野秀樹さまはいらっしゃいますか？」

「私ですが……」

「じつは私、松永と緒方の事件を、発生のときからずっと取材しておりまして、それで、生野さんが以前『ワールド』にお勤めされていた際に、彼らからひどい目に遭わされていたと伺いまして……」

そこまでを口にしたところで、玄関ドアが開き、中年の男性が顔を出した。

「ちょっとまわりに聞かれるとあれだから、入って」

その言葉に、この取材はなんとかなると確信した。取材を断る場合はたいてい、ドアを開けることなく拒絶するからだ。玄関先に腰かけた生野さんに私は、前置きをするではなくいきなり問いかけた。

「生野さんはどういうきっかけで『ワールド』に入ることになったんですか？」

すると彼は訥々《とつとつ》と、八四年秋に友人から頼まれて、布団購入の名義貸契約に応じたところ、従業員を探していた松永に因縁をつけられて入社させられた経緯を話し始めた。相手が自発的に語り始めたときは、こちらも話を中断することなく、質問を次々と重ねていく。私は聞いた。

「松永の通電は『ワールド』時代に始まったと聞いているのですが」

「私を『ワールド』に引き込んだ山口（仮名）という男がいたんですけど、そいつは工業高校を出ていて、電気の知識があったんですね。それであるとき、山口が私の腕に剝き出しにした電気コードを当てて通電したんですよ。ショックで倒れた私を見て、そこにいた松永が笑いながら『それ、いける』って……。それからはビルの三階にあった防音のオーディオルームで、従業員を使って人体にどんな影響があるかの実験を繰り返すようになったんです」

苛烈な虐待を物語る火傷痕と被害者の笑み

生野さんによれば、松永はどうすれば相手が死なないか、傷を残さずに虐待できるかを研究していたという。そのため、営業成績が悪かったり気に食わないことがあると、

「電気！」と声を上げ、従業員どうしで通電を行わせたのだった。

「片腕と片足に電流を流されたときは『心臓がバクバクするか？』と聞かれました。腕や足に傷が残ったときは『こりゃ改良せないかん』などと言ってました。あと、手や足だけでなく、額や局部にも通電されました。額はいきなりガーンと殴られるようなショックがあるんです。局部はもう、言葉に表せません。蹴られる以上の衝撃と痛みです。それで私が悶絶するのを、松永はニヤニヤ嬉しそうに眺めていました」

それは松永の残忍さが充分に伝わってくる話だった。私は生野さんが経験した『ワールド』時代の松永の行状について一通り聞き終えると、あることをお願いした。

「あの、通電によってできた傷を見せていただけませんか？」

生野さんは、「いいですよ……」とだけ言うと、まずシャツの腕をまくった。肘から先の部分を一周するように、幅一センチほどのケロイド状の火傷痕が残っている。

「あと、ここも……」

彼はそう言うと、ズボンの裾を膝までたくし上げた。そこにも腕と同じく、膝下を一周する火傷痕がある。私は息を呑んだ。

「手なら手でね、手首と肘の二カ所に剝き出しの電線を巻いて、電流を流されるわけですよ。そうすると引き攣った手がグーッと、こうなってね……」

生野さんは握りしめた掌を、手首の内側に限界まで曲げた。

「で、巻きつけた電線が熱を持つでしょ。だから火傷してしまうんです。ただ、こっちのほうが額や局部よりは楽でした」

そう口にすると、生野さんは初めて唇の端に笑みを浮かべた。通電という虐待がいかに苛烈なものかが、その笑みにこそ秘められている気がしてならなかった。私は彼の許可を得て火傷痕を撮影すると、それを記事にした。

このようにして、松永と緒方の周辺についての取材を積み重ねていった。そこにはかつて松永が『ワールド』をやっていた頃に愛人のように連れ歩いていた女性や、彼の暴力に耐えかねて逃げ出して山間部に隠棲する男性、さらには逮捕の直前まで松永が緒方と組んで籠絡しようとしていた女性など、彼らを直接知る人物が数多く含まれる。

その証言の一つ一つが、松永と緒方の人物像を徐々に象《かたど》っていくことになった。

書籍『ザ・殺人術』を参考に死体を解体

この事件について、私が行ってきた取材のなかには、中断していた彼らの裁判が再開してからの傍聴も含まれる。出版不況の現在では経費面から事件の記事は忌避されるようになり、一つの事件について幾度も報じることは極端に少なくなった。しかし当時は新しい〝ネタ〟を提案できれば、まだまだ企画が通ることも多く、そのたびに私は出張して彼らの裁判を傍聴できた。そうするための助けとなったのは、浅野記者や井上記者が電話で教えてくれる、新聞やテレビでは表立って報じることのできない裏話だった。たとえば前述の愛人のように松永が連れ歩いていた女性の存在だったり、それこそ家宅捜索時に、松永が数多くの女性と情交を結んでいるときの写真が押収されているといった、捜査員から得た情報だったりする。

出張して裁判を傍聴した際に法廷で目にした松永と緒方の姿は、当初の様子とは若干異なっていた。まず、いくぶんこわばった表情だった松永は、逆に入廷の際などに虚勢を張って笑みを浮かべるようになり、時折感情的になると「それは違う」といった声を上げ、首を大きく横に振るような仕種を見せた。一方で緒方はどこか清々しい表情で、松永に送る視線からも侮蔑の感情しか伝わってこなかった。

一連の裁判ではっきりとしたのは、松永と緒方による犯行は、これまでに例を見ない残酷なものであるということだ。その内容をまとめると、以下のようになる。

最初の被害者となったのは、広田由紀夫さん。松永と緒方はマンションを契約する際の担当者だった由紀夫さんに対し、言葉巧みに近づいて一緒に事業をやろうと持ちかけた。松永を資産家だと信じ込み、その気になった由紀夫さんが、勧められるまま彼らに娘の清美さんを預けたところ、松永は態度を豹変させ、由紀夫さんの社内での不正行為を持ち出して退職するよう迫り、自分たちとの同居を強要したのである。それからはありとあらゆる理由をつけてカネを要求し、由紀夫さんの金策が尽きたところで虐待が始まった。

小学生だった清美さんが人質として松永たちの手元に置かれているため、由紀夫さんは逃げられずにいた。そのうえで松永らは通電の虐待を繰り返し、彼を衰弱させていったのである。由紀夫さんは厳寒期にもかかわらず、薄着で暖房のない浴室に閉じ込められたうえに、食事を制限され、ときには自身の糞便や吐しゃ物まで食べることを強要された。そうした結果、九六年二月に浴室内であぐらをかいたまま、上半身を前に倒した状態で死亡した。それを発見したのは、清掃にやってきた娘の清美さんである。

松永は『ザ・殺人術』という本を参考に、由紀夫さんの死体の解体を緒方と清美さんに命じた。彼女らは浴室でまず首を切断する〝血抜き〟をしたうえで、包丁やノコギリを使って、各部位を細かく切り分けてから鍋で煮込んだ。そうして肉と骨を分離させ、肉はミキサーでさらに細かくしてペットボトルに入れ、近くの公衆便所などに捨てた。骨は細かく砕いて缶に入れ、旅客船から海に投棄して、跡形もなく処分したのだった。

善良な家族が恐怖で支配された経緯とは

続いて九七年四月から十一月にかけて、松永は緒方純子が広田由紀夫さん殺害に関わったことを口実に、彼女の両親と妹夫婦、さらにその子供二人という、三世代の家族六人を北九州市のマンションに呼び寄せ、同居を強要した。

善良で身内から犯罪者を出したことのない緒方家の親族を手玉に取ることは、松永にとってはたやすいことであり、あらゆる理由をつけて、緒方家から資産を次々と奪い取っていった。その前後に松永は緒方の母・静美さん、妹・理恵子さんとも強引に肉体関係を結び、そうしたことを家族全員が集まった席で公表するなどして、夫婦や親子間の分断を図った。

加えて松永は、由紀夫さんに実行した通電による虐待も繰り返し、互いに不信を抱く緒方家を、恐怖で支配するようになる。そんななか、九七年十二月にまず父・誉さんが、松永の指示を受けた緒方による通電によって死亡。遺体は緒方と静美さん、理恵子さん夫婦と娘の彩ちゃんの五人で解体した。

続いて松永が静美さんへの通電を続けたところ、精神に変調をきたした彼女が奇声を上げるようになったため、浴室に監禁される。そして九八年一月、松永に指示された理恵子さんが静美さんの足を押さえつけ、理恵子さんの夫・主也さんが電気コードで首を絞めて殺害。遺体は緒方と理恵子さん夫婦、彩ちゃんの四人で解体した。

同年二月、松永が理恵子さんへの通電を集中したことで、彼女も奇声を上げるようになる。そこで松永が殺害を示唆したところ、緒方と主也さんとの話し合いによって、主也さんが電気コードで首を絞め、娘の彩ちゃんが足を押さえて殺害した。彼女の遺体は緒方と主也さん、彩ちゃんの三人で解体した。

続いて松永は主也さんの食事を制限し、通電を繰り返すことによって衰弱させていった。浴室に閉じ込められ、痩せ細った彼に松永が眠気覚まし剤とビールを飲ませたところ、同年四月に死亡した。彼の遺体は緒方と彩ちゃんの二人によって解体された。

翌五月、松永は「大人になったら復讐するかもしれない」と緒方に甥の優貴くんの殺害を指示。彼の姉である彩ちゃんにも、「優貴はお母さん（理恵子さん）に懐いていたから、お母さんのところに返してやったら」と吹き込む。そこで緒方と彩ちゃんが電気コードで優貴くんの首を絞め、清美さんが足を押さえて殺害。彼の遺体は緒方と彩ちゃんの二人で解体した。

その後、松永は彩ちゃんに通電を集中するようになり、十歳の彼女は二歳児のおむつが穿けるほどに痩せて衰弱した。そんな彩ちゃんに対して松永は、家族のところに行こうと〝説得〟し、六月に彼女は優貴くんが殺害された場所にみずから横たわると目を瞑った。そして緒方と清美さんが電気コードで首を絞めて殺害し、遺体は二人で解体した。

記者は傍聴席をどうやって入手しているか

〇五年九月二十八日、これまでに七十七回開かれた一審の判決公判が福岡地裁小倉支部であった。わずか三十五席の傍聴席を求めて抽選に並んだのは七百三十八人で、二十倍以上の倍率である。傍聴を希望する私は同行する地元カメラマンの知人らに声をかけ、七人に並んでもらった。たしかその謝礼は一人あたり五千円だったと記憶している。どの裁判でもそうだが、記者席が確保されている新聞やテレビなどとは異なり、雑誌の場合はみずから抽選に並び、さらに確率を上げるためにアルバイトを雇うことになる。並んでくれる知人は多ければ多いほどいいが、まったくいない場合は人材派遣会社に頼むこともある。その場合は謝礼額がさらに高騰することを覚悟しなければならない。

このときは私を含めて、頼んでいた全員が抽選に外れた。しかし、現場で見かけた井上記者に結果を話したところ、彼の会社は予定より多めの当選者が出たとのことで、周囲には内緒で傍聴券を一枚融通してもらえたのだった。このようなこともあるから、日頃の付き合いは疎かにできなかったりする。

死刑判決を受けた松永と緒方の対照的な態度

午前十時五分に、まず緒方、続いて松永の順番で入廷した。白いブラウスに薄茶色のスカートを穿いた緒方は落ち着いた表情で一礼してから席に着いた。逮捕当時は茶髪だった彼女の髪は真っ黒になり、肩から上で短く切り揃えられている。一方、上下紺色のスウェットスーツ姿の松永は、いつものように肩をいからせながらニヤニヤした表情で入廷した。

開廷して間もなくすると裁判長が、判決文は五百ページ以上になることを説明し、今日は要旨を朗読する旨を伝え、主文を後回しにして判決理由を読み始めた。そこで一斉に立ち上がる記者たち。が、松永は手元にある裁判資料に目を落とし、緒方は正面を向いたまま微動だにしない。

続いて裁判官が事件の内容について読み上げるなか、松永は右手にボールペンを持ち、しきりとなにかをメモしては、書き出したものを弁護人に渡すようになった。また、緒方は微動だにせず聞き入っている。そんな緒方に唯一の変化があったのは、妹である理恵子さん殺害時の状況についての説明をしていたときだ。彼女は山吹色のハンカチを取り出して涙を拭い、鼻をすすった。

途中、昼の休廷を挟んで午後に再開された裁判の後半、裁判長による量刑についての説明が行われた。そこでは以下のような言葉が並ぶ。

「約二年四カ月のうちに七名を殺害。はなはだしい人命無視の態度には戦慄をおぼえる」

「いずれも残酷で非道であり、血も涙も感じられない」

「完全犯罪を狙ったものであり、極めて卑劣、かつ狡猾である」

「まことに非道な限り」

「犯罪史上まれに見る凶悪なもの」

「すべて松永が計画、緒方に実行させたもの」

「松永がいなければ起きなかった犯罪であり、首謀者である。緒方も犯行すべてにおいて重要な役割を果たしている」

「緒方は基本的に松永と異ならない」

やがて結論の段になり、裁判長が「被告人両名に対しては、いずれも極刑である死刑を選択し、これをもって臨むのはやむを得ないと判断した」と述べると、緒方だけは裁判長に向かって黙礼した。

続いて二人は裁判長に促されて証言台に立ち、主文の読み上げが行われた。そこで死刑が宣告されると、緒方は頭を下げ、松永は腰の位置で手を組み、顔を上に向けた。

裁判長が閉廷を告げると、松永は退廷するために刑務官から手錠をかけられながら、顔を紅潮させて近くの弁護人に向かい「先生、控訴審ですよ。やりますよ。どうもお疲れ様でした」と声を上げた。一方、緒方は最初に検察官に向かって頭を下げ、続いて弁護人に頭を下げて法廷を出た。

その後、〇七年九月の控訴審判決で松永の死刑判決は支持されたが、犯行時は松永に従属的だったと判断された緒方は無期懲役に減刑された。そして一一年十二月の最高裁判決でも松永は死刑に、緒方は無期懲役となり、二人の刑は確定したのだった。

悪魔との初めての面会

稀代の凶悪殺人犯である松永との面会が実現したのは、控訴審判決から一年二カ月後の〇八年十一月のこと。

上告中の松永と会うために、私は福岡拘置所へと向かった。その前に私は彼に手紙を出しており、もしなにか世間に訴えたいことがあれば、私を介して記事として出すことが可能であると伝えていた。それに対する松永からの返信はなかったが、直接出向くことにしたのだ。

断られることも覚悟しての面会申請だったが、私の持つ番号札の番号が呼ばれ、面会室の部屋番号が告げられた。やがて緊張しながら待つ私の、向かい側にある扉が開いた。

「いやーっ、先生。今回は遠くから来ていただき、ありがとうございました。聞いてくださいよ。裁判所はまさに不当な判決を下しているんですよ。検察が作ったシナリオに沿って、私の言い分にはまったく耳を貸してくれない。本当にひどい状況なんです……」

法廷で目にしていたのと同じ、いびつな笑顔で現れた松永は、私の前に腰かけると、目を大きく見開き、身振り手振りを交えて私に裁判の不当性を訴え始めた。

「もう私の裁判はね、司法の暴走ですよ……」

彼はいかに自分がひどい目に遭っているか、司法がでたらめかということを続けざまに話すと、「先生、先生こそはそんな奴らとは違うと信じています」と、媚を売ってくる。

真っ白と表現できるほど色白で、歌舞伎役者のような端整な顔立ちの松永は、ときには笑顔を浮かべながら饒舌に語り続けた。事件の凄惨な内容や、その他の被害者が受けた苛烈な暴力を知る私は、彼の言葉に「ええ、ええ」と頷き、平然とした顔でメモを取りながら、悪魔とは案外こんなふうに屈託のない存在なのかもしれないと考えていた。

殺人犯がひたひたと迫ってくる〝怖さ〟

そんな彼との初めての面会から数日後、私の自宅に手紙が届いた。

〈前略――〉との書き出しで、黒色のボールペンを使い、神経質な印象の細かい字で便箋三枚に書かれた手紙は、裁判所の判断とマスコミの報道を批判し、有識者と呼ばれる人物がいかに当てにならないコメントをしているかということについて、書き連ねられていた。とくに当時、共犯者の緒方純子について擁護する意見を書き、彼女の犯行は松永の支配下で行われたと指摘していた作家の故・佐木隆三氏については、R・Sとのイニシャルを使って批判。佐木氏は証拠を見ずに、勝手な想像を振りまわしているだけだと断じ、私に対して〈小野さんはどうかそのような作家になり下がらないで下さい〉との注意書きまで添えられていた。

〈神に誓って、私は殺人の指示などはしていません〉と自己の無実を主張している松永が、手紙のなかで私に幾度も求めてきたのは〈小野さんがこの事件をやられるならば、少なくともこれまでのマスコミや訳の分からない裁判所の判断に拘泥されることなく、フラットな気持ちでこの事件を見てほしいと思います。私は証拠に基づかない主張はしません〉ということだった。

彼からの手紙には、いずれも同様の主張が記されているのだが、私はなぜ松永がそう繰り返すのか理解していた。というのも、彼は一連の殺人を〝実行〟はしていないのだ。おまけに殺人を命じている場面が、録音などで記録されているわけでもない。つまり客観証拠では犯行に直接関わっていないことが明らかなのだから、無実だと訴えているのである。

しかしこの時点ではすでに、事件発生時に未成年だった広田清美さんの供述だけでなく、成人の緒方までが、自身の死刑判決を覚悟した全面自供に転じて犯行の詳細を語っていた。そのことによって、客観証拠がなくとも、状況証拠の信用性が格段に上がっていたことは、説明するまでもない。

私は少しでも多く松永の発言を引き出そうと、事件の内容についてこちらから具体的な質問をすることは控え、彼の主張にある程度の理解を示したうえで、自由に現状の不満を手紙にしたためてもらうよう努めた。

松永は私を自分の側に取り込もうと、最初は「先生」だった呼び名を次に「小野さん」へと変え、やがて「一光さん」という具合に、意図的に距離を縮める演出を見せる。そんな彼のひたひたと迫ってくる〝怖さ〟を感じながら、ひたすら平静を装った。

翌〇九年になって松永と面会したときのこと、いつもの笑顔で面会室に現れた彼が、一瞬だけ弱音を吐く姿を目にした。身振り手振りを交えて主張を繰り返すことは変わらないが、明らかに前回よりもテンションが低くなっており、上告審について私が切り出すと、「どうせ私の主張は無視されるんでしょうね」と口にしたのである。それは自身の今後について、さして希望が持てない状況であることを自覚している様子だった。

続いて私が「最近は誰か面会に来てくれていますか？」と尋ねると、それまでの威勢を取り戻した彼は次のように答えた。

「昔からの友人が来てくれてますよ。彼はいつも『お前がそんなことをするはずないことはわかってる』と言ってくれてますね」

自身の無実を訴え続ける松永からの手紙は、五通目が届いた〇九年五月を最後に、ぷつりと途絶えた。また、彼がその後の面会に応じることもなかった。

私自身は、松永が自分にとってなんら有効な手立てを取ろうとしない私に対して〝見切りをつけた〟のだと解釈している。

それと同時に、彼の存在に恐怖心を抱き、強く意識しないまでも確実に精神的な負担を感じていた私はどこかで、胸を撫で下ろしていたというのも事実だ。

第4章 角田瑠衣の後悔

——尼崎連続変死事件

仕事にならなくても取材を続けてしまうケース

一つの事件の取材をいつまで続けるか、との問いに対して、フリーランスである私の答えは、「その事件が仕事になる間」というものである。仕事によって生計を立てている以上、それは当然のことだからだ。

だが、ときたまそうした自分のルールを逸脱してしまうこともある。たとえば取材相手が死刑を免れられない立場にあるような場合は、こちらの都合のいいときだけ取材をして、記事にならなくなったら連絡を絶つというわけにはいかない。死刑が確定して外部との接触が不可能になるまでは、折を見て面会し、手紙を出すようにしている。もちろん、その行為には自分自身に後味の悪さを残さないためという理由もあるが、それだけではない。やはり、死刑という極限状態に直面する相手と関わる以上は、そうしなければならないとの義務感が根底にある。

一方で別の理由から、たとえ仕事にならなくても取材を続けてしまう事件もある。ここまで知ってしまったのだから、それならば可能な限り見届けたいとの思いが抑えられない事件だ。

取材に出遅れた〝尼崎連続変死事件〟

二〇一二年十月十九日、兵庫県尼崎市にある阪神電鉄杭瀬《くいせ》駅に降り立った私は、その後の長い取材の日々を予想もせず、ただ途方に暮れていた。そう、角田美代子（当時64）を中心に形成された〝角田ファミリー〟によって十人以上が死亡した〝尼崎連続変死事件〟の取材に着手したばかりのことだ。

その六日前、兵庫県警による尼崎市梶ケ島《かじがしま》の民家の床下への捜索が始まり、翌日と翌々日に計三体の遺体が発見された。前年の十一月には同市内の倉庫でドラム缶に詰められた高齢女性の遺体が発見されており、少なくともこの時点で四人の死亡が確認されていた。前年に発見されたのは大江和子《かずこ》さん（当時66）で、続いての三遺体は確認順に谷本裕二さん（仮名＝当時59）、安藤みつゑさん（当時67）、仲島茉莉子《なかしままりこ》さん（当時26）である。

連続殺人の疑いが強いことから、新聞やテレビは連日のように報道を続けている。その現場に六日遅れで到着したのだ。取材先はすでに先行組に荒らされ、まさに「ペンペン草も生えていない」状態だった。

さらに最新の報道では、角田ファミリーが香川県高松市や滋賀県彦根市の家庭に乗り込んでは居座り、親族間に暴力を繰り返させたあげくに多額の金銭を搾取していたことが伝えられ、舞台が尼崎市だけに留まらないこともわかってきた。

この時期、角田美代子という名前はしきりと取り沙汰されていたが、顔写真も出ておらず、彼女の存在自体が謎だった。さらにはなぜ六十四歳の女が犯行グループの頂点に立ち、屈強な男性もいるだろう被害家族を脅し続けられたのかもわからなかった。

私を悩ませたのはそれだけではない。角田ファミリーや被害家族など、登場人物が多すぎてそのリストアップもままならないのだ。互いの関係などについても伝聞の域を超えず、曖昧なままの状態が続く。

作戦は「むやみに動かず、奥深く入り込む」

週刊誌の依頼を受けてはいたが、予算の都合から一人で動くしかなく、機動力に欠けていた私の出した結論は、尼崎市内からはむやみに動かず、徹底的に奥深く入り込むというものだった。

そこで使った手法は、角田美代子や角田ファミリーを知っている飲食店を探して、食べる店では食べ、飲む店では飲んで信頼を得たうえで、情報を引き出すというもの。その方法については具体例をすでに第1章で記したが、エピソードを拾い、美代子やその周辺人物のリストを作るという作業と同時に、この店には立ち寄ってはいけないといった、危険情報も収集した。というのも、逮捕をされてはいないが美代子と近い関係にあり、さらには暴力団と繫がりの深い店が点在するとの話を耳にしていたからだ。そうした〝地雷〟を踏まないためにも、事前の情報収集は重要だった。

こうした初期取材のなかで、もっとも大きな成果はQさんという美代子を昔から知る人物との出会いだった。同事件について記した拙著『新版　家族喰い』（文春文庫）には、その場面について次のように記している（以下、本章の〈　〉内は同書より）。

〈「……ほんでスミダのオバハンが逮捕されとんねん。あれな、絶対××も知ってんで……」

すれ違いざま、スミダという単語が耳に引っかかった。立ち止まって振り返ると、その人物は、携帯電話で誰かと話しながら遠ざかっていく。慌ててあとをつけた。

「……せやから警察もそのことは知っとるけど、（中略）スミダのオバハンは大丈夫や言いよったで。けど、ほんまはそんときには殺しとったんやなあ……」

その言葉を耳にして、間違いない、と確信した。

この人物は角田美代子を知っている。

相手の視界に入らないように距離をとって斜め後ろを歩き、通話が終わるのを待った。それは意外と早かった。携帯電話を耳から離して折りたたむのに合わせて脇に並んだ。

「あの、突然すみません」と声をかけると、相手は「なに？」と驚いて身を反らした。

「いやじつは、失礼ながら、いまかけていた電話で『スミダ』という言葉を使っていらっしゃるのを、通りすがりに耳にしまして。その『スミダ』というのは、いま話題になっている『角田美代子』のことですよね」

「せやけど、なに？」

相手は警戒を解いていない。（中略）私は慌てて名刺を取り出すと、角田美代子が関わっている事件を取材していることを告げた。そして間を置かずに、少し時間をもらえないかと願い出た。

「それは別に、ええけど……」

「ありがとうございます」

気が変わらないうちに先導し、近くの喫茶店に入った〉

重要な情報源であるほど、しつこい連絡はタブー

こうして知り合ったQさんからもたらされる情報は、美代子の普段の行動に始まり、彼女がやっている裏ビジネスについてなど、新聞やテレビ、雑誌などには一切出ていない、完全なるインサイダー情報だった。さらには当時、美代子の顔写真として出まわっていた別人の顔写真についても、「これ、違うで。絶対に角田のオバハンちゃう。別人や」と断言。その言葉を信じて写真の使用を控えたことで、結果的に誤掲載を免れたのだった。

独自の、しかも誰も知らない情報を教えてくれるディープ・スロート（一九七二年に米で起きた「ウォーターゲート事件」での重要な内部情報提供者を指す通称）を得た私は、あえてQさんにはしつこく連絡しない、というルールを自分に課すことにした。相手の電話番号しか連絡手段がないため、出ないようになったらそれでお終いなのだ。先方に疎まれないための抑制を徹底した。

また、記者と会っていることが知り合いにバレることを警戒するQさんのため、待ち合わせ場所はいつもカラオケボックスの個室とし、部屋への出入りも時間差で行うように気をつけた。

十一月になると、岡山県の日生《ひなせ》漁港で引き揚げられたドラム缶のなかに入っていた遺体が、翌日には橋本次郎さん（当時53）だと判明。これで死者は五人となった。

Qさんは橋本次郎さんについても情報を持っていた。翌一三年六月に聞いた話だが、次郎さんは地元の××組の組長が飼っている犬を散歩させたり、兄貴分の煙草を買いに行かされたりしていたというのだ。

「あれは角田のオバハンが知り合いに頼んで、部屋住みとして置いてもらってたらしいで」

念のため、Qさんの発言が正しいのかどうかをウラ取りする必要を感じていた私は、飲み屋取材で知り合っていた、××組の動向に詳しい飲食店主に確認を依頼した。

「ああ、小野さん。××組におった者に確認取ったらな、当時組におった佐賀（仮名）いうんが、たしかに橋本いう男ともう一人を連れてきてたらしいわ。組のなかでしばらく預かっとったみたいやで」

佐賀という人物は、美代子と深い繫がりのあるXという組織と関係があるとの予備知識があった。瞬時に美代子がX経由で佐賀を通じて、次郎さんを××組に預けていたとの図式が頭に浮かぶ。

このような細かいウラ取りを繰り返すことによって、私のなかでQさんの発言内容の信頼性は増していったのである。

美代子の心の底にある〝怨恨〟の正体とは

私と〝密会〟を重ねるようになってから、Qさん自身もこの事件についての興味が深まっていたように思う。時期は遡るが、一二年十二月十二日に美代子が兵庫県警本部内の留置施設で自殺した際、私自身が携帯電話のニュース速報で自殺を知った十分ほどあとに、Qさんから電話がかかってきた。

「あーあ、これで死人に口なしや。まわりで大騒ぎしとるで。残念やなあ。これで全容解明できんくなるわ」

そのときの声色には無念の思いが滲み出ていた。また、先の橋本次郎さんについての話を聞く前に会った際、Qさんは次のような話もしていた。

〈「もうな、いままで内緒にしとったことやけどな、角田のオバハンも自殺したしな、死んでからいいかげん時間も経ったし、教えたるわ……」

部屋に入るなりそう切り出したQさんは、美代子を三十年以上前から知っていることを明かした。さらには美代子本人の口から、その過去について聞いたことがあるのだと語った。

「あんな、角田のオバハンが最初に働いたんはな、〝初島新地〟や。まだ中学を出てそんなに経っとらん十代の頃やで。あのオバハンのオカンがそこにおったやろ。ほんでオカンに店を紹介してもらって働き始めたんや。本人が言いよったわ。『オカンから、なんもせんとブラブラしとるくらいやったら、知っとる店紹介するから働いてカネ稼げ言われたんや』て」〉

その後、美代子は非公然売春地帯を転々とし、いつしか暴力団員だった伯父を通じて、みずから売春の斡旋をするようになったという。ここで初めて聞いた、実母から売春を勧められたというくだりには驚かされた。だが同時に、血の繋がりを否定するかのような言葉を頻繁に用いていた美代子の、心の底にある〝怨恨〟の正体が、どこかで垣間見えたような気もした。

こうしたQさんとの〝密会〟によって聞き出した新情報をもとに、私は週刊誌での取材を連続して行うことができた。そしてさらに月刊誌でもこの〝尼崎連続変死事件〟について短期連載を行うことになっていた。

そこでは美代子が家族間に憎悪の芽を植えつけ、バラバラにして操るという〝家族乗っ取り〟の手口を初めて使用した「猪俣家《いのまた》」についての取材をまず行った。これは梶ケ島の民家から三遺体が発見されて間もなく、美代子らは過去に、滋賀県彦根市の家庭に乗り込んだことがあると報じられていた事件である。とはいえ、彦根市には猪俣家の長男の家があっただけで、その他の親族は尼崎市にいた。あくまで結果としてだが、美代子が巻き起こした事件は、すべて尼崎市が起点となるものだったのだ。

事件は一九九八年三月に、美代子が母の兄の妻である角田小春さん（仮名）の葬儀において、彼女の実家である猪俣家の親族の態度に難癖をつけ、家族会議を行わせたことに端を発する。その後、約二年にわたって猪俣家の親族を軟禁状態に置いて支配し、次々と財産を搾取していったというものだ。

私は小春さんの妹で、軟禁状態の渦中に死亡した猪俣光江さんが住んでいたアパートの隣人から、彼女が軟禁されるに至った経緯や、そこで親族から振るわれた暴力について話を聞いた。さらには、取材については拒絶されたが、同じく美代子らに軟禁状態に置かれ、現在も隠遁生活を送る光江さんの息子や、その他の息子の妻にも会いに行ったりした。

書いた記事から取材が可能になることも

そうした取材の成果を記事にした月刊誌が発売されると、続いて私はその雑誌に手紙を添えて、とある人物が住むマンションの郵便受けに直接入れた。

手紙には自己紹介に続いて、自分が昨年よりこの事件の取材を続けていることを記し、辛い経験をした相手に対してこのような手紙を出すことの非礼を詫びた。そのうえで、美代子の非道な犯行に憤りを感じていること、さらに彼女の自殺によって事件の風化を危惧していることを綴り、なんとか一度面会できないかと願いを書き入れた。

相手は以前から取材を希望していた谷本豊さん（仮名）である。美代子らが〇三年二月に香川県高松市に乗り込んだ際の「谷本家」の被害者であり、遺体で発見された仲島茉莉子さんの父、そして谷本裕二さんの弟でもあった（のちに妻の皆吉《みなよし》初代さん〔当時59〕も傷害致死の被害者と判明）。さらには角田ファミリーの一員として逮捕されていた角田瑠衣《るい》の父でもある。

翌日、私はふたたび豊さんの住むマンションへと向かった。階段のある玄関に入ろうとしたとき、事前に彼が乗っているとの情報を得ていた車が駐車場から出ようとするところに行き当たった。以下そのときの様子である。

〈私は車の前にまわりこむと、運転している相手に向かって頭を下げた。その男性は車を停めると、窓を開けた。私は「昨日お手紙を置かせていただいた、小野と申します」と名乗った。ああ、という顔をして男性は車からわざわざ降りてきた。

「昨日は手紙と雑誌をありがとうございます。ちゃんと読ませていただきました」

小柄で実直そうな顔立ちの男性は、そう言うと頭を下げた。

「いえ、こちらこそ突然のお手紙、失礼いたしました。それであの、もし可能であれば一度お時間をいただけないかと思っているのですが……」

「はい、それにはお応えしたいと思っています。ただ、いまも仕事に向かうところなんですけど、これから月末にかけて仕事が忙しくて、どうしても時間が取れないんです。来月以降でもいいですか？」

男性は心の底から申し訳なさそうに言った。時間についてはまったく構わない。それ

よりも取材を受けてもらえるとの返事に驚いた〉

このような流れで私は豊さんに携帯電話の番号を教えてもらい、翌月の取材に繋がったのだった。そこでは手紙はもとより、新聞や週刊誌での短い記事とは違い、ある程度の分量があって詳細を書き込むことのできる月刊誌の記事を読んでもらえたことの影響が大きかったと思う。

警察を動かすために被害者が起こした窃盗事件

豊さんへの取材を待つ間の時期に、私はもう一人〝尼崎連続変死事件〟の関係者で、これまでにほとんど取材を受けてこなかった人物と会うことになる。その男性は猪俣家が被害に遭った事件で、同家の親族らと一緒に軟禁状態に置かれていた大嶋宏一郎さん（仮名）だった。

すでに発売された月刊誌で、私は猪俣家の事件を取り上げていたが、軟禁の際に別の親族が一緒にいたことまでは把握していたものの、それが大嶋さんであることまでは突き止めることができなかった。しかし、詳しくは明かせないが取材で知り合った相手に、その人物が大嶋さんであることを聞かされ、連絡先を教えてもらうことができたのである。

最初、大嶋さんに電話を入れたときは、こちらが興味本位の報道をしようとしているのではないかとの疑念を持たれた。そこで、私が月刊誌に書いた記事を見てもらい、その内容に納得できた場合のみ取材を受ける、との条件付きで面会にこぎ着けたのだった。つまり、ここでも豊さんのときと同じく、月刊誌を活用させてもらったことになる。

面会場所のホテルのロビーラウンジでは、私は姿を現した大嶋さんに対し、まず件の月刊誌を取り出して記事を読んでもらった。

〈男性（大嶋さん）は黙ってそれを手に取ると、目を落とし読み始めた。

「ああ、これな」

「うん、あったあった」

「うーん、ここはなあ……」

彼は独り言を呟きながら、ときには目を近づけ、ときには記憶を辿るように天を仰ぎ、ページをめくっていく。（中略）

記事を読み終えた大嶋さんは顔を上げた。

「若干、事実と異なることはあるけど、だいぶ頷けるところがありましたわ。で、どんなことが知りたいんです？」

取材を了承してもらえたと判断し、私は美代子が乗り込んできたきっかけから、順を追って伺いたい旨を伝えた〉

その場で大嶋さんから聞けた話は、情報の細かさのみならず、現場にいた当事者しか語ることのできない臨場感に満ちていた。というのも、美代子らによる軟禁状態が終わるきっかけとなった窃盗事件は、それまで何度も警察に駆け込んでいたにもかかわらず、〝民事不介入〟を理由に事件化されないことに業を煮やした大嶋さんが、「事件になれば警察も動くだろうから」と、みずからも逮捕される覚悟で美代子に提案した最終手段だったのである。

そこで耳にした事実は初めて知ることが多く、軟禁状態に置かれていた被害者の訴えに、警察がそのような対応を取っていたことも含めて、広く報じることの必要性を感じさせるものだった。

なぜ男たちは美代子を殴れなかったのか

また、美代子が最初に子供たちを手なずけ、上手く取り込んで親子関係を分断してしまうため、親たちは人質を取られた状態で反抗できないこと。さらには大人たちのなかで常に厳しく責める相手を一人作り、美代子に反抗すると次は自分がそうなってしまうとの恐怖心から、服従するようになったという流れであったこともわかった。そのうえで美代子は自分と暴力団との緊密な関係を常にほのめかして、男たちの抵抗心を削ぎ取っていたのである。大嶋さんは猪俣家の息子の一人が一度、美代子に反抗して手を上げようとしたときのエピソードを明かす。

〈「理由は忘れましたが、美代子を殴ろうとしたんです。せやけど美代子がドスのきいた声で『私を殴れるなら殴ってみんかい。殺してみい。お前に殺すだけの根性あるんか？』ってすごんだんです。もう、覚悟の問題いうか、完全に迫力負けでしたわ。私自身もここで美代子をいてもうたる、思うたこともありました。せやけどまだ小さい子供の顔が頭に浮かぶんです。父親がそれで犯罪者になって、子供らが将来苦労するんやないか、と。そんで手を出すことを躊躇してしまいました」〉

その結果、約二年にも及ぶ軟禁状態が続き、渦中で二人が死亡するに至ったのだ（警察は病死と自殺との判断）。取材を終える直前、大嶋さんが呻くように口にした次の言葉が心に残る。

「そもそも、私が（兵庫県警）甲子園警察署に三回も行ったときに、〝民事不介入〟やのうて警察が動いとったら、光江さんと康弘（光江さんの孫。軟禁先のマンションから転落死）の二人は間違いなく死なんと済んだんです。それだけやない、その後の事件の被害者も死なんと済んだんです。それが悔しい。ほんま、悔しいわ……」

被害者親族で加害者親族でもある相手にどう接するか

大嶋さんに話を聞いてから間もなく、私は谷本豊さんに取材のアポを取った。

彼は被害者の親族であり、加害者の親族でもある。そうした複雑な立場に置かれている豊さんの取材には、どのような気遣いが求められるのか。取材に向かう直前まで、さんざん考えたが結論は出ない。あくまでも彼自身が多大なる被害者であるとの認識のもと、自宅を訪ねることにした。

豊さんが一人で暮らす谷本家に上がった私は、まず線香をあげさせてもらった。小さな祭壇には白いジャケットに青いタートルネックセーター姿の、はにかんだ笑顔をこちらに向ける若い女性の写真が飾られており、その背後には小さな骨壺が鎮座していた。豊さんの長女、茉莉子さんのものである。彼女は〇八年七月から美代子の住むマンションのバルコニーに作られた〝監禁小屋〟に閉じ込められて日常的に暴行を受け、五カ月後の同年十二月に衰弱死している。

遺影に手を合わせ、体勢を変えて豊さんと向き合うと、まずは時間を作ってもらったことへの感謝を口にした。そして、大嶋さんと会ったことを伝え、彼が警察署に駆け込んだとき、もっと早く警察が動いていたら、その後の事件は起きなかったはずだと悔しさを滲ませていたことを話した。すると豊さんも同調する言葉を発した。

「たしかに私や茉莉ちゃんも、何回も警察に事件を訴えました。だけどなにも取り上げられなかった。もし、大嶋さんや猪俣さんのときに警察が動いていればという思いはありますね……」

そして豊さんは、こちらから問う前に美代子らが香川県高松市の谷本家に乗り込む経緯について、説明を始めたのだった。その一言一句を聞き漏らさないようにしながら、豊さんも誰かに自分の思いを話したいのだと感じた私は、遠慮なく質問を繰り返し、時系列順に事件の流れを確認していった。

豊さんの妻である初代さんの実家の「皆吉家」は尼崎市にあり、彼女の兄・皆吉勝一さん（仮名）が借金を抱え、返済の相談に乗った美代子のもとで世話になっていた。勝一さんの再婚相手の連れ子は、のちに美代子の〝暴力装置〟と呼ばれた通称〝マサ〟こと李正則《りまさのり》であり、当時、彼もまた勝一さんとともに美代子の世話になっていた。

勝一さんとマサの面倒を見ていることを利用して、皆吉家の親族らからカネを奪おうと考えた美代子は、家族会議を開く名目で初代さんを尼崎市に呼び寄せた。そして彼女にマサの面倒をしばらく谷本家で見ることを約束させる。だが、マサは美代子に事前に言い含められており、彼女から電話がかかるたびに、夫婦と娘二人が暮らす谷本家で暴れまわった。そして、マサを預かるのは無理だと泣きが入った時点で、皆吉家の親族を連れて谷本家に乗り込み、「落とし前をつけろ」と居座ったのである。

そこではかつて猪俣家と大嶋家に対して取ったのと同じ手法で、家族の分断を図り、集中的に責める相手を決めては、親族間で暴力を振るわせ、カネを搾り取っていった。さらに豊さんの次女で当時十七歳の高校二年生だった瑠衣は、思春期で家族に反抗心を持っていたところを美代子から手玉に取られ、いつしか角田ファミリーの一員に加わり、美代子の子供（実際は美代子の義妹である三枝子の子供）である角田優太郎と結婚するなど、尼崎市での共同生活に取り込まれていく。

豊さんは美代子らが谷本家に居座っている〇三年八月に、夫婦喧嘩を装って妻の初代さんを逃がし、その翌月、金づるの親がいなくなれば美代子らも引き揚げるだろうと、みずからも逃走した。彼は各地を転々とし、しばらくは美代子らが去った高松市の自宅裏に身を隠していたが、家族のことを心配して、発見されて連れ戻されるリスクも厭わず尼崎市に潜伏し、少しでも多くの情報を集めようとしていた。やがて一一年に美代子が逮捕されたとの一報を得たことから、みずから兵庫県警に名乗り出たという過去を持つ。

取材中に豊さんを苛立たせた不用意な発言

そんな谷本家を巻き込んだ事件の流れについて話を聞くなかで、一度だけ豊さんが苛立ちを見せたことがある。豊さんと妻の初代さんが娘二人から暴力を受けた場面について、私がうっかり口にした言葉が原因だった。そのときの状況については拙著でも触れている。

〈「娘さんにそういうことをされるのは、ショックだったと思うんですけど……」

「でもまあ、僕から手を出すわけにはいかんし、子供たちを殴るわけにはいかんし……」

「ただ、精神的なダメージは大きいと思うんですよ」

私がそう言葉を継いだところで、豊さんは腕を組んで下を向き、「うーん」と唸って目を閉じた。そして顔を上げ私の目を睨んだ。

「これは今後のことになると思うんですけど、茉莉ちゃんも救ってやれなかったし、もちろん瑠衣も救ってやれなかったし、初代も救ってやれてないんで、僕が喋ることはあんまりしたくないし、こんな取材を受けることも好きじゃないんだけど、ただ、僕のまわりの人たちが心配して警察に何回も相談したりしたのに、結局はこの事件も十年近く葬られていた。（＊事件発覚のきっかけとなった）大江（香愛）さんが（監禁から）出てくるまでは……。僕の前の猪俣さんの事件も葬られてる。だがそれがなんでかということを検証するために、そこをね、やらないかんし、何回も警察に行ったのに、なぜ動けなかったのかをね……」

堤防が決壊したかのように、豊さんは一気に思いを発した。この区切りから数分間かけて続いたのは、動かなかった警察に対する憤りの言葉だったが、同時に、彼が思い出すのも辛い過去をえぐり、何度も質問を繰り返して時系列で整理しようとした私に対し

ても向けられた苛立ちだと感じた。極限にある精神状態を慮ることのできない私が至らなかったのだ〉

まさにここに記した通り、こちらの聞きたいことばかりを聞いていた私は、明らかに配慮が足りなかったのである。このときは豊さんの寛大な心によって取材を続行することができたが、通常であれば、これで取材打ち切りということも少なくない。相手が触れられたくない事柄に触れざるを得ない際には、普段以上に細やかな心配りが必要であると痛感させられた瞬間だった。

一番喜んでくれた手土産は孫の写真だった

この場での豊さんへの取材は二時間以上に及んだ。取材内容は次号と次々号の月刊誌に反映され、私は当然のことながら掲載誌を豊さんに送った。通常であれば、これをもって取材者と被取材者との関係はいったん途切れ、多くはその後の付き合いがなくなってしまう。

ただ、私はこの年の十月末に〝尼崎連続変死事件〟についての単行本『家族喰い』（太田出版）を上梓する予定もあり、豊さんには頻繁に連絡を取り、会ってもらっていた。

その際、手土産というわけではないが、祭壇に供えてもらうための菓子や飲料類をいつも持参していたが、なによりも豊さんが喜んでくれたものがほかにあった。それは、私自身がこれまでの取材で手に入れていた瑠衣と優太郎との間に生まれた子供、つまり豊さんにとっては孫にあたる姉弟の写真である。

「うわあ、こんな顔してるんや。まだ一度も孫の顔を見たことなかったんです。どうもありがとう」

持参した写真は二枚だったが、私はそれを優太郎の友人からデータで入手して、あらかじめプリントしておいたのだ。豊さんは顔を輝かせ、新たな宝物というふうに写真を手に取った。

それまでの豊さんは、「いまは瑠衣が生きていることだけが希望なんです」と語っていた。だが、この写真を目にしたときというのは、瑠衣に続く〝新たな家族〟の存在を、彼が大きく意識した瞬間だと思っている。

この時期、豊さんが一人で暮らす谷本家の祭壇には、長女の茉莉子さんのほかに、妻である初代さんの遺骨と写真も飾られていた。そしてその祭壇の隣にある棚に、彼の孫たちの写真が飾られるようになったのは、それから間もなくのことだ。

裁判で目撃した角田ファミリーの表情

一四年十一月の角田優太郎の初公判を皮切りに、角田ファミリーの裁判員裁判は始まっていたが、当時の私は週刊誌の連載を抱えていて時間が取れず、この事件に関連する裁判を初めて傍聴したのは、一五年七月の角田三枝子、角田健太郎（美代子の戸籍上の長男）、鄭頼太郎《ていよりたろう》（美代子の内縁の夫）の三人に対する論告求刑公判だった。

それまでも兵庫県内の司法担当記者を取材するなどして、裁判の内容については把握していたが、やはり当人の顔も見ておきたいとの思いがあった。

三件の殺人のほか、死体遺棄や監禁などの罪に問われていた三人全員に懲役三十年の求刑がなされた際には、それぞれが異なる反応を見せた。裁判官席の近くに座る三枝子はまばたきを何度かしたものの、無表情のままでいた。その手前に座る健太郎は慌てて席を立つ記者たちに目をやると、やや顔を紅潮させて首を左右に動かした。傍聴席にもっとも近い頼太郎は記者を目で追うと、あごに手を当てて憮然とした表情を浮かべた。

やがて三枝子と健太郎はそれぞれ懲役二十一年が確定。また、頼太郎だけは懲役二十一年の判決を不服として控訴し、最高裁まで争ったが、一八年六月に懲役二十一年が確定している。

角田ファミリーの面々は、誰もが自身の初公判が始まるまでは接見禁止となっていた。そのため、初公判が始まった段階で、私は全員が勾留されている神戸拘置所へ出向き、三枝子と健太郎、さらに頼太郎へ面会を申し込んだが、いずれも拒否された。

豊さんとの初めての一杯

私としては三件の殺人に加え死体遺棄や詐欺など、計九件の罪で起訴された瑠衣との面会を希望していたが、彼女の初公判が始まるのは一五年十月ともっとも遅く、それまで面会はおろか手紙のやりとりもできない。豊さんからは、彼女からの依頼で差し入れた本などについて教えてもらっていたが、あとはただ、そのときを待つほかなかった。

三枝子らの裁判を傍聴し、瑠衣の接見禁止が解けるのを待つ間だったと思うが、私は意を決して、豊さんにあることを切り出した。

「あの、これまで失礼かと思って遠慮してたんですけど、よろしければ一度お酒でもご一緒しませんか？」

すると豊さんは笑顔を浮かべ言う。

「ああ、そうやねえ。そういえば小野さんとはまだ一回も飲んでなかったねえ。いいですよ。××駅の近くに僕の行きつけの居酒屋があるんですよ。そこに行きましょうか」

豊さんが案内してくれたのは、下町の気取らない雰囲気の居酒屋だった。この店のご主人夫婦には事件についても話しており、ほかの客にはわからないように、豊さんが仕事で使っている名前で呼びかけている。

「もうね、ほんまにここの大将夫妻にはよくしてもらってるんですよ」

豊さんは目を細め、リラックスした顔で言う。彼と初めて会ってからすでに二年半が経っていた。そのなかで初めて見せる表情だ。万人の想像を絶する経験をした豊さんだからこそ、こうした気を抜く時間は大切なのだろうと感じる。
以来、豊さんの取材をするときは、互いの都合が合えばこの店に行き、杯を交わすようになった。

拘置所にいる娘から父への手紙

やがて瑠衣の初公判が始まり、彼女の接見禁止も解けた。だが私はほかの仕事で拘束されており、思うように時間を取ることができない。そこで一六年になって間もない時期に、豊さんに瑠衣から送られてきた手紙を見せてもらった。前年の十月二十六日に豊さんは瑠衣と十二年ぶりに神戸拘置所で再会したのだが、その日に彼女が書いたものだ。少々長いが引用する。

〈お父さんへ
今日は会いに来てくれてありがとう。今、部屋に戻って、さっそくこの手紙を書いています。

この3年間、早く会いたいといつも待ちわびていたのに、実際に会ってみると思ったように言葉にならなくて…でも会って顔を見ることができただけで、本当に嬉しかったです。

話をしたいことはたくさんありますが、まずは謝らせてください。本当にごめんなさい。大切にしないといけなかったのに、できませんでした。お父さんがちゃんと大切にしていた人を、私は加害者になって傷付けたり、死なせてしまいました。多分お父さんはずっと辛い思いをしてきたと思います。やりきれない思いを一人で耐えてきたはずです。いつかお母さんやお姉ちゃんにも会えることを願っていたはずなのに、こんな結果にしてしまって、悔しい思いをさせて、悲しい思いをさせてしまって、ごめんなさい。

本当にとりかえしのつかないことをしてしまって、今は後悔ばかりです。これからもずっと後悔しながら反省しながら忘れずに生きていくつもりです。

接禁（接見禁止）解除になって、面会ができるようになって、一番に会えたのがお父さんで、私はとっても嬉しいです。そしてこの手紙も第一号です。

お父さんがいてくれることが、本当に心の支えになっています。お父さん自身は助けられなかった、救えなかったと自分を責めて苦しい思いをしていると思います。多分そういう気持ちは消しきれないと思います。でも私はお父さんが巻き込まれずにいてくれたことで、今こうして再会できたので、本当によかったと思っています。お父さんのとった行動は正しかったと思います。あの状況のなかで立派で正しかったと思います。

（中略）

また会えるのを楽しみにしています。本当にたくさんありがとう。体を大事にして下さいね。　瑠衣〉

面会で見せた瑠衣の人懐っこい笑顔

結局、私が瑠衣と面会できたのは、彼女に対して懲役二十三年（求刑懲役三十年）の判決が出た十一日後の一六年二月二十三日だった。控訴期限は判決から二週間と決まっているのだが、事前に豊さんから「（瑠衣は）どんな判決が出ても控訴せずに受け入れると話してます」と聞いていた。そのため第三者の面会が許されるのはあと三日間だけという、差し迫った時期だった。

「小野さんのことはこの前の面会で話しといたから。瑠衣ちゃんも会うって言うてるんで、行ったげて」

豊さんの紹介という後押しを受け、私は拘置所へと向かった。

「こんにちは」

面会室に現れたのは、黒いフリースを着てマスクをした瑠衣だった。長い黒髪を後ろでまとめ、太い眉毛にアーモンド形の瞳をした彼女はかなり小柄で、聞けば身長は一四七センチメートルだという。

私は挨拶を済ませると、「父とはどういうきっかけで会ったんですか？」と尋ねる彼女に、過去のいきさつを説明した。さらに、その後の豊さんとの交流や、彼女がよく知る人物の名前を出してどういう会話を交わしてきたかを話すと、「その話だけでだいぶん信用できました」と人懐っこい笑顔を見せた。

この日、瑠衣とは自己紹介を兼ねた雑談に終始した。私が目的としていたのは、瑠衣が豊さんに出した手紙を、いずれ記事として掲載させてもらいたいということだったため、限られた面会時間内であれもこれも聞かなければという焦りはなかった。

血の繋がった家族を被害者にした罪

翌日、瑠衣は前日の服装に黒いダウンベストを重ね着した姿で面会室に現れた。面会二日目ということもあり、彼女はすっかりリラックスした表情だ。

最初に、美代子らとの共同生活を一時強いられ、いまだに行方不明である瑠衣の叔母、桐原信枝さんについての話をした。しかし彼女からは、〇三年十月中旬に姿を見なくなってからはわからないという答えが返ってきた。

「信枝さんがいなくなったと美代子に言われ、私も一緒に捜しに出た記憶があります。だから私はいままで、信枝さんは逃げたんだと思ってました。ただ、それから話題に上ることはほとんどなかったので、実際のところ、どうだったのかはわかりません」

瑠衣ははっきりした口調で語る。香川県で有数の進学校に通っていたという過去についての情報がなくても、彼女と話しているだけでその頭脳が明晰であることが窺える。いわゆる「目から鼻へ抜ける」といった印象だ。

そんな彼女が憂いを含んだ表情を見せたのは、私が血の繋がった家族を被害者にしたことについて、いまはどう考えているのか尋ねたときのことだった。

「正直言って、まだ自分のなかで整理ができてないんです。いまでも家族の関係のことを思い出すと、頭のなかが混乱してしまいます」

それまでの瑠衣は、角田ファミリーの公判において、何度も検察側証人として出廷し、事件の全容解明に多大なる影響を与える証言を行い続けてきた。ある意味、考える暇のないほど気の張った状態だった。だが、その役割を終えたこれからは、みずからの罪と向き合うことを避けられない、辛くて長い時期に入るのではないかと想像した。

その日の面会時間の続きについて、私は拙著に次のように記している。

〈翌日以降はごく近しい人との面会に充てるため、私との面会はこの日までの予定だった。さらに、面会時間に限りがあるため、彼女が父親に出した手紙の取り扱いなどについて話を進めた際に、私が昨日、豊さんに電話で瑠衣との面会を報告したところ、彼女について「いい子でしょ」と言っていたということを伝えると、瑠衣は身を乗り出した。

「私が逆に言いたいんですよ。うちのお父さんって、いい人でしょ。そう思いませんか？　もうほんと、すごくいい人なんです……」

やがて面会時間の終了を告げられると、瑠衣は「これからも父をよろしくお願いします」と神妙な顔で切り出し、頭を深々と下げたのだった〉

被害者家族はどのように再生していくのか

この面会の二日後から、瑠衣の扱いは被告人ではなく受刑者となった。それにより随時可能だった面会も、最初のうちは親族であっても月に二回までと制限され、刑務作業も始まる。マサの控訴審で証言する可能性があった関係で、身柄をそのまま神戸拘置所に置かれていた彼女に面会した豊さんに会ったところ、彼はまず口にした。

「この前行ったときはショックやったな。(瑠衣が)囚人服を着てたから。囚人服はグレーでね。作業服みたいやった。これまでと違って、食べ物の差し入れもできないんですよ。それはもう、かわいそうでねえ。食べたいものも食べれんし……」

そう語る様は、十二年間の空白をすっかり取り戻した、娘のことを気にかける父親の姿だった。朝早くからの仕事で忙しい日々を送る豊さんだが、その合間を縫って一、二カ月に一度は、受刑者となった瑠衣との面会を続けているという。途中で彼女の身柄は中部地方の刑務所に移されたが、そちらにも新幹線を使ってこまめに足を運ぶ。

同時に豊さんは、県内の施設で暮らす孫たちとも、徐々に祖父として接することができるようになった。

最初のうち、施設から孫が小学校に入学すると知らされて、精神面への配慮から匿名でランドセルを送っていたのだが、一六年になって瑠衣が手紙で〈あなたたちが使ってるランドセルは、おじいちゃんが買ってくれたものですよ〉と説明。同年夏には、初めて施設内での対面も果たしている。その直後だったが、豊さんは自宅を訪ねた私に対し、好々爺然とした表情で言った。

「最初は恥ずかしがってたけどね、『おじいちゃん』って……。ちょうど弟のほうが誕生日やいうことを事前に聞いてたからね、ケーキを買っていって、ロウソクを立てて一緒に祝ってね。もう二人とも目がクリクリしてて可愛いのよ。やっぱり下の男の子がやんちゃで、上の女の子はおとなしいね。瑠衣からも手紙が来てるみたいでね、今度はおじいちゃんにも手紙をくれると言うてるのよ」

一七年夏に私が豊さんのもとを訪ねると、彼はつい先日、孫たちを連れて遊びに出たことを口にした。そうしたことはもう何度もあるらしく、前年よりも確実に、祖父と孫との関係が緊密になっていることが窺える。また、瑠衣から同年五月に送られてきた手紙を見せてもらったところ、四月をもって刑務所内での優遇措置が全五類中、上から二番目の二類に昇格したことが書かれていた。これは手紙の発信が月に七通まで、面会も月に五回まで認められるもので、彼女が模範囚として日々を送っていることが伝わってくるものだった。豊さんはしみじみと語る。

「なんかねえ、最近は躰に気を遣わんとあかんなって思うようになりましたね。瑠衣ちゃんが出てくるまで、まだあと最低でも十何年あるやろ。だから、それまでは元気でおらんとって、ね」

この時点で、豊さんと初めて会ってから四年半の月日が経とうとしていた。そして今年(一八年)十月になれば、私がこの事件の取材を始めてまる六年となる。

現状からいえば、ニュースバリューはとうの昔に失われており、私がいくら取材を積み重ねても、雑誌などで記事になる可能性は限りなく低い。だが、そういった損得抜きで私は豊さんのもとを訪ねてしまう。

ここまで深く関わり合ってしまった事件の被害者家族がどのように再生していくのか、どうしても気になってしょうがないのだ。

第5章 山口浩一（仮名）の依頼

――某県女性刺殺事件

見知らぬ殺人犯から届いた手紙

殺人犯に自宅の住所を教えていると、予想もしない出来事が起きたりする。

数年前のある日に届いた、見知らぬ相手からの封書もその一つだ。かなり筆致に特徴のある〝はね〟を強調した文字で〈拝啓　残暑お見舞い申し上げます。初めてお手紙差し上げます〉との書き出しで始まる手紙は全部で六枚。それは次のように続いた。

〈まだ拝眉《はいび》の機会を得ませんが、突然の御手紙差し上げます御無礼をお許し下さい。小生は現在××（本文実名、以下同）拘置所にて拘禁生活を送日しております。山口浩一（仮名）と申します。此の度小生が刑事事件を犯しました事犯は、××県内初起訴となりました裁判員裁判対象となりました殺人事件です。一審は求刑××年に対しまして実刑判決は××年に処せられまして控訴をしましたが棄却されまして現在、上告中です。拘禁生活を送日しながら、以前より本を出版してみたいという気持ちを描いておりました折、此の度、裁判員裁判という従来とは異なります裁判を体験した事、生い立ちから今まで小生が体験した実話など考案しまして、内訳としまして項目を5つ位にピックアップして原稿にて綴っていこうと思っておる所存です〉

続いて箇条書きでその概要を記し、暴力や恐喝などで学生時代から少年院に入っていたことや、××県内の某組織（暴力団）で覚せい剤の売人のバイトをして、覚せい剤を買いに訪れた元AV女優と、本人曰く「シャブセックス」をしたこと。そして今回起こした事件の内容について書きたいことがあるとあった。さらにその手紙は、彼がなぜ私の自宅住所を知ったのかについても触れていた。

〈本を出版する事について小生には伝《つて》が有りませんので、福岡県の北村孝紘氏に相談した所、北村氏が、「私より相談してみる様にと紹介頂いた」とお便りする旨を指摘して頂いたので、小野先生に現在、小生の勝手ながら恐縮いたしながら、御手紙を書き、失礼は重々承知の上ですが、小野先生にどうか御厚情を頂きたく存じ上げます〉

ここで名前の挙がった北村孝紘とは、第2章で取り上げた、二〇〇四年九月に福岡県大牟田市で知人母子とその友人の四人を殺害した〝大牟田四人殺人事件〟の実行犯である。福岡拘置所にいた孝紘と私が面会と手紙のやりとりをしていたことはすでに記したが、山口からの手紙を受け取るまで、孝紘から私の住所を誰かに教えても構わないかという問い合わせは一度もなかった。つまり、彼は未決囚どうしの文通で知り合った山口に、勝手に私の住所を伝えていたのだった。その事実には正直なところ、「参ったなあ」との気持ちを抱いた。しかしながら同時に、「まあ、それも仕方ないか」との諦めもあった。そういう性格であることを知ったうえで付き合いを続けている以上、目くじらを立てるわけにもいかない。

それに、じつは〈もうすでに原稿を書いている〉という山口からの手紙は、全文を通じて低姿勢で、強圧的なものではなかった。手紙の締めはこうだ。

〈小野先生も日々、多忙な身で小生の突然な御手紙にて大変勝手な御願いを申し上げますこと、失礼を申し訳ありません。（中略）小生のような無礼者の勝手な一存で御協力を御願いしますが、今後どうか、御指導、御鞭撻《ごべんたつ》の程、宜しく御願い申し上げます。

（中略）浅学非才故、乱筆乱文にて御免下さい。　敬具〉

この申し出を受けて私が考えたのは、とりあえず一度会ってみようということだった。なにより、殺人犯による元AV女優との「シャブセックス」という情報は、雑誌での記事掲載に繋がる可能性を感じさせる。事前にインターネットを使って山口の名前を検索したところ、たしかに一年四カ月前に彼は交際相手の女性を包丁で刺して殺害していた。

私は手紙を受け取って一週間も経たぬうちに、××県にある拘置所へと向かった。

手記を出したい犯罪者は多い

「はじめまして。わざわざ遠くまでありがとうございます」

面会室に現れた山口は、少し照れたような笑顔を浮かべた。一見すると柔和な印象だが、アクリル板越しに正対すると、目の奥に鋭い光を感じる。私は挨拶を終えるとすぐに切り出した。

「ところで、山口さんは北村孝紘とはどういう経緯で知り合ったんですか？」

「実話誌のなかで、拘置所に入っている者どうしの文通を仲介する欄があるんですね。そこに北村さんが投稿してたもんで、手紙を出して知り合ったんです。小野さんとは長い付き合いだそうですね」

「それが良かったのか悪かったのか……。まあ、そうなんですよ」

私は苦笑いを浮かべた。そして続ける。

「ところで、手紙にもありましたけど、山口さんはこれまでに書かれてきた原稿を本にしたいと考えてるんですか？」

彼はふたたび照れた表情を見せる。

「いや、お恥ずかしい話なんですけど、私はいま現在こういう状況でして、裁きを待つ身なんですね。そんな私が言うのもなんですが、けっこう普通の人ができない経験をしてきたと思うんですよ。だからできればそれを書き残せればと思ってまして……」

じつは彼のように、自分の人生を書物というかたちで発表したいという犯罪者は少なくない。もちろん、一九六八年から六九年にかけての連続ピストル射殺事件で捕まり、その後、小説『無知の涙』などを発表していた永山則夫元死刑囚のように、文学的素養のある犯罪者もいることはいる。しかし残念ながら、その他の多くは実際に原稿を読んでみると、刊行できるレベルに達していないものがほとんどだ。

謝礼金については事前にしっかり伝えておく

私は彼に過度の期待を抱かせないように注意しながら言葉を選ぶ。

「そうですねえ、まずは実際に原稿を読んでみないとなんとも言えないのですが、出版というかたちにまで持っていくのは、かなりハードルが高いということだけは、ご理解しておいてください」

山口は頷いて言う。

「それはもうわかってます。まずは読んでいただいて、ご意見をいただけるだけで有難いことだと思ってますから」

事前に本人へ確認しておいたほうがいいと思っていたことを、私は言葉にする。

「ちなみに、たとえば本にするのは無理という場合でも、雑誌に記事として掲載することが可能ということもあると思います。そういう場合に、山口さんが書かれた原稿のうち、一部を雑誌で使うことは可能でしょうか？」

「それは構いません。ただ、出来上がった記事は送ってくださいね」

「もちろんです。記事にするとなったら、またこうして会いに来ますんで。そのことは事前にお伝えするつもりです」

手紙の文面を見れば、相手の文章力はある程度の察しがつく。正直なところ、現時点の文章ではそのまま本にするのは難しいと考えていた。ただ、彼の経験が突出して興味深いものだとすれば、それこそこちらがリライトすることによって、日の目を見ることもあり得る。同時に、本のように尺の長いものではなく、雑誌記事のような短い分量で済むものの可能性も考慮しておく必要があった。

そして確認しておくことはもう一つある。私は切り出した。

「あと、これは事前にお話ししておきたいのですが、たとえば山口さんが書かれたものをもとにした記事が出たならば、謝礼が支払われます。ただ、よく世間で誤解もあるようなんで説明しておきますが、謝礼はそんなに高いものではありません。せいぜい一、二万円という場合がほとんどなんです。それでも大丈夫ですか？」

「ああもう、それは全然構いません。私がこれを書いたのはカネ目当てというわけではないですから」

山口は即答だった。生々しい話ではあるが、あとになって話が違うということを避けるために、金銭面に関しては事前にはっきりさせておく必要があるのだ。

その日、まずは山口がこれまでに書き溜めた原稿を私に送るということで話がまとまり、約十五分の面会を終えた。

覚せい剤の売人は毎日をどう過ごしているか

うーん……。

自宅に届いたＢ４判の封筒を前に、私は腕組みをする。

面会から半月後のことだ。山口から送られてきた原稿は、四百字詰め原稿用紙五十枚の冊子が四つ。計二百枚分の分量があった。

文章はまず彼の生い立ちから始まり、続いて少年院での経験。さらに覚せい剤の売人時代の話となり、その後の暴力団での経験、自身が交際していた女性を殺めるまでの話へと展開していく。

だが、残念ながらその筆致は拙く、内容も書籍化できるレベルに改変するのは難しいと思われた。そこで、どうやって山口に断りを入れるか考えておく必要があった。

とはいえ、覚せい剤の売人がどのように行動しているかといったことについては興味深いものがある。それは次のような記述である。


〈先輩の紹介で覚せい剤のバイトをする事にしました。バイト時間はPM7時〜PM11時までで、まず小生が販売先の町までPM7時までに行き、その前に、キャバクラの黒服の男が組の事務所の近辺の更地のブロックの中に、封筒2つと注射器はインシュリン(注射用のもの)を30本位を別のビニール袋に入れて置きます。因《ちな》みに封筒1つの中には、覚せい剤のパケ20個入りで(1パケ0・3グラム)封筒2袋で計40パケを小生が所持しながら、販売していきます。まず第一に、このブロックに封筒と注射器入りのビニール袋が確認出来たら小生の方から組事務所に電話して報告します。すると話す相手側が、何処の場所に何の車で車の番号（プレート）を小生に知らせ、その場所に行き、既に客の方は早く来て待っていて小生の車が到着すると、降りて来て運転席に来ますので、小生の方から〝何個？〟と聞くと、その客にもよりますが、1個～10個まで千差万別で買って行き、客の方も老若男女とジャンルがとても広いと感心しながら売人の日々を送ってました〉

有名AV女優との「シャブセックス」

山口によれば、一日平均三十パケは売れており、日当は三万円だったという。その売人生活のなかで、彼が出会ったのは、私でも名前を知っているほどに有名なAV女優だった。

〈小雨の夜の売人のバイトの日だったと思いますが、傘をさしてサングラスにキャップ、何か不自然でどうも何かで見た事のある女だと小生は、少しの間、ずっと観察しておりましたが、相手は早く覚せい剤がほしくて我慢の限界がきたと思いますが、小生に〝早くパケ3つと注射器1本を売ってください〟と言ったので、小生は思わず声で自分でもビックリする位驚きまして思い出し、この客の女に〝アンタ、もしかして小島凜（仮名）かね？〟と尋ねるとこの女は完全に否定したので、小生も負けじと〝本当のことを言わんと売らん〟とピシャリと固く言うと、よっぽど覚せい剤がほしくてどうしようもなかったのでしょうね。少しの間、沈黙していましたがすぐに、正体をバラしました。小生もまるで夢の様で、今まで、レンタルビデオでアダルトでしか〝会った〟ことがないし、又大変〝お世話〟になっておりましたので、このチャンスを逃したら一生二度と出逢うこともないと思い、この場で覚せい剤を売ってしまうと何処かに行ってしまうのは当然だと思い、小島凜には、〝すまないが今品切れで11時過ぎでないと手渡せない〟と架空話な作り話をし、11時過ぎ頃に某新幹線駅近くのタクシー乗り場の方におってくれと言い残し、小島凜もシブシブ納得し、小生は11時まで〝仕事〟をし、終了した足で速攻でタクシー乗り場に行き、小島凜が待ち遠しく佇んでおりまして、小生の車にまず乗せ少し他愛のない話をし、小生の口から口説き、ラブホテル街にテールランプを輝かせながら、二人を乗せた車はホテルに吸い込まれるように入って行きました〉

ホテルの室内に入った山口は、凜にあることを質問している。

〈小生の方から小島凜に何故、遠方である××県内まで覚せい剤を買いに来た経緯を聞くと、小島凜は、東京近辺や都市部などスキャンダルが多く、今ヤバイ状況なので、知り合いの広域組織の某組長さんから、ここの販売先を教えて貰い買いに来たと語り、〝話はそれ位にして早く一緒に打ちましょう〟と言うので、注射器に覚せい剤を入れ準備して、小生が小島凜の右腕にタオルを巻いて血管を浮かせバシと一発でキメてやりました。終わった後は注射器を水で綺麗に洗浄して、すぐさま小生もいつもより多目に一発キメました。２人共、宇宙人となり尚かつホテルという事もあり自然とベッド上にて２人が重なり貪欲にセックスへと移行しました〉

アバンチュールの描写はまだまだ続く

原稿ではさらに凜との性描写が続き、行為を終えた山口は彼女から、覚せい剤を常用しているＡＶ女優の名前を聞き出した。そこでも有名ＡＶ女優の実名が登場する。

〈小生は迷う事なく小島凜に〝おねだり〟して、紹介を切望し哀願しました。すると、彼女は小悪魔のように少しイジワルそうな顔付きで〝どうしようかなあ〜〟と言葉では言っていましたが、彼女達も都心で覚せい剤を購入するのが段々危なくなってきていて、小島凜に〝少し離れた分かりにくい所で買えないかなあ〜〟と相談があったようです〉

そこで山口は凜を説得し、最終的には〈「じゃあ今度は２人にココに買いに来るよう言っとく」〉と言わせたことが記されている。

その際に、彼は執拗に凜の携帯電話番号を聞き出そうとしたが、彼女は細心の注意を払いたいということで教えようとしない。さらには、凜がふたたび山口のもとを訪れることはなかった。

とはいえ、彼女は知り合いを紹介するという約束は守っている。それからしばらくして、「凜ちゃんの紹介で来た、ＡＶ女優の黒田さとり（仮名）です」と、有名ＡＶ女優が覚せい剤を買いにやってきたのだ。

〈小生はビックリしましたが、時間も11時前でバイトの終わる頃だったので、某喫茶店で待っといてとお願いするところよく引き受けて待ってくれていました。少し説明が遅くなりましたが、11時になると小生の方から、組の事務所に電話して、今月の売上分を電話番の人とお互い確認して、例の最初のブロックに、売上金と残りの覚せい剤（パケ袋）と注射器をビニール袋にまとめて置いておき、キャバクラの黒服が回収して1日を終わらせます〉

その際も山口はさとりをホテルに誘い、覚せい剤を使用した性行為を行ったようで、凜のときと同様に、性描写の文面が延々と続く。彼女とも二度と会うことはなかったようだが、それについて述懐する。

〈1日のアバンチュールに終わりましたが、一介の小生の様な男が、このような体験を

した事は今でも昨日のように鮮明に覚えております〉

だが、そんな日々も長くは続かない。続いて山口は次のように記していた。

〈このバイト以外で、小生個人的に、別口ルートから覚せい剤を仕入れて、日中は地元で1パケ（0・3グラム）で1万円、注射器は千円で捌いてまあボチボチそれなりに利益を上げていましたが、某オッサン客が刑事に逮捕され、小生から買ったと刑事にチンコロ（供述）した為、小生の家近辺に刑事達が内偵を始め、ある日の昼前に1人の客が買いに来た時、この客が帰った後、少しして、刑事達が雪崩《なだれ》をうったように押し寄せて、小生の部屋に入ってきて、パケ袋やら覚せい剤が散乱しておりましたので、現行犯逮捕となり、いうまでもなく、尿検査の結果陽性反応が出て、バッターアウト!!となりましたが、営利の件につきましては一貫して否認して、これは上手くスルー出来、「ラッキー!!」と心の中で思いました〉

この事件では執行猶予付き判決が下された山口だったが、その後、ふたたび覚せい剤で逮捕されて服役する。続く原稿はそれからの生活について触れられており、暴力団との関わりについても記されていた。とはいえ、残念ながら特筆に値するものではない。

交際相手の不誠実さに不満を募らせる

やがて山口は、よく立ち寄る飲食店の女性店主に紹介された聡美（仮名）という女性と交際を始める。彼女は夫と別れて子供一人を育てるシングルマザーだった。出会って二回目に肉体関係を持ち、交際は順調に進むものと思われたが、そこに暗雲が垂れ込める。なにがあったのか、彼は次のように記す。

〈2人の交際は順調に進行していましたが、この頃必ずといっていいほど、聡美とSEXをした後、翌日に会うと、途方に暮れたように、聡美が1人ポツンと、何かを考え悩む姿を目撃するようになり、小生は思わず「何を一体真剣に悩んでいるのか」と聞くと聡美は、元夫である男・酒田優貴（仮名）との関係がいまだに完全に断ち切れていないまま、小生と交際した事について、葛藤している心中を吐露し、「このままではいけない」と独り言を自問して、はっきりさせない自分に言い聞かせる場面を何回か散見しまして、小生としても、2股を掛けられてる状態は嫌だったので、聡美に、「はっきりさせてくれ。聡美が、まだ酒田の事を好きで忘れんのなら、小生は、交際から手を引く」と断言すると、聡美は、「もう少し待って、酒田とは完全に縁を切るので」と、きっぱり言って、小生と真剣に交際する旨を示唆しました〉

だがそれが、聡美の〝その場しのぎ〟の言葉だったことに、山口はすぐに気づくことになる。というのも、彼女は山口の目の前で平気で酒田と長電話をしたり、これから酒田が家に来るので帰ってほしいと口にするようになったというのだ。

山口はそれ以外にも、聡美が自分に対して行ったことへの不満を書き連ね、〈今思えば、聡美の言動に対して、この時から、いや出会った時から、既に、小生の感情、心中など本気で考えてくれず、その場が楽しければ、たとえ、他者の心情などあまり気にしない性格の女だった事が推察されます〉と彼女を評している。

殺人事件へと突き進んでいく心の動き

すでにお気づきのことと思うが、ここに登場する聡美こそが、山口が起こした殺人事件の被害者だ。そして山口は、聡美の不誠実な行動を強調することによって、自身が犯行に及んだ理由の正当性を主張しようとしていることが見てとれる。ほかにも彼は、以下のような言葉で彼女への不満を綴っていた。

〈この頃から少しずつ聡美が自分が言った言葉とは正反対の態度や責任転嫁をする行動を益々、エスカレートしていくのは、小生の中では聡美のことが好きなのだけど、今まで交際した女達とは、多少異なる部分がありますので、益々、聡美の考えに疑心暗鬼になり、拡大しながら、理解に苦しむ葛藤と交錯しながらでも、上手く自分の感情を抑えて、コントロールしていました〉

〈特に聡美は、金銭に対する執着心が非常に強く、何か金儲けができそうな話がありますと、小生に結婚を匂わせて、持ちかけてくる事が多々ありました〉

このような山口の心の乱れと、その原因になった聡美の言動について書かれたくだりは、四百字詰め原稿用紙十六枚に及ぶ。

みずから〈自殺を考えたりするようになり〉や〈うつ状態になってしまった〉と訴える山口は、自殺用に包丁を購入するが、決心がつかず、自室に置いたままにしていたという。そしてついに犯行当日が訪れる。

実家で焼酎と精神安定剤を服用した山口は、仕事のことなどで相談に乗ってほしくなり、聡美に電話をかけた。すると彼女は彼の話を遮って、自身がカネを得るための話題に切り替えたというのだ。

〈その時、聡美の気持ちは結局はお金のことばかりで、小生の気持ちを全く斟酌《しんしゃく》しておらず、今までの一連の交際の過程も単に利用してきたにすぎないと思い至り、怒りが爆発し、発作的に聡美を包丁で刺そうと考えました〉

饒舌だった文章のクライマックスは意外な一文

そして山口は十分後にふたたび聡美に電話をかけ、仕事で集金したカネを渡すと嘘をついて、彼女を実家に呼び出したのだった。

だが、ここまでを事細かに書いてきたにもかかわらず、犯行時の様子については、極めてあっさりとした一文があるだけだ。

〈包丁で被害者を刺突して殺害してしまったのです〉

そのときの聡美の様子、二人の言葉のやりとりなどは、なにも記されていない。のちに逮捕から裁判に至るくだりで、上半身を刺したことや、有無を言わさず包丁で何度も刺して殺したことには触れているが、二度目の電話以降のことは〈よく憶えていない〉というのである。

もちろん、犯行時の生々しい状況を思い出したくないとの深層心理が働いているのかもしれないが、本来であればこの場面がもっとも気になるところだけに、しかるべき情報が抜けているとの印象は否めない。
さらに続く原稿は、一審での弁護人の弁論要旨を引用し、やがて下された判決についてと、その後の控訴審に向けた控訴趣意書の文面をそのまま使う体裁を取り、最後は反省の言葉で締めくくられている。

〈小生が犯した犯罪は、御両親、御遺族の尊厳を踏みにじり、身体的にも精神的にも大きな被害を与える、極めて悪質な犯罪であり、今回の事件で被害に遭われた御両親、御遺族の苦しみ、怒りは察するに余りあります。これから、何処の刑務所で刑に服するか判りませんが、たとえ、何処の刑務所に移送されても、一日一日を大切に償いをして、真面目に務めあげることで、被害者の供養になればと思っております。（中略）覆水盆に返らずです。刑が確定して、償いというスタートラインに立ったばかりですが、小生の犯した罪を今後は二度と風化さすことなく、被害者御遺族の深い悲しみを生涯背負って生きて行こうと心に刻み込んでおります。（中略）些細な躓《つまず》きで堕ちた地獄。月に映るのは無限に広がる絶対的な絶望と自責の念という名の闇。痛恨の極みだった……〉

恨まれる要素は残さないのがベター

一見、反省の言葉を並べているようだが、殺された聡美に対する謝罪の言葉はどこにも見あたらない。その部分にこそ、殺人犯である山口の本心があるような気がしてならなかった。

山口に返答する前に、私は知り合いの実話誌編集者へ連絡を入れた。さすがに実名での掲載は無理だが、AV女優と覚せい剤との取り合わせは、記事にすることが可能ではないかと考えたのだ。そうすれば山口に対しても、少しは顔が立つことになる。

やはり、いくら相手がこれから長い服役生活を送るとはいえ、可能な限り恨まれる要素は残しておきたくない。

結果として、件の編集者から記事を掲載したいとの意思表示があり、私は山口に対して、単行本化は難しいが、雑誌の記事として原稿の一部は掲載が可能であると伝えることで、事を収めることにした。

殺人という特異な行動を経験した者は、どこかで自分は平凡ではないとの思いを抱くことが多い。もちろん、取材のなかで殺人犯と会った場合、そのような片鱗が見えれば、相手の自尊心を満足させるようにして、できる限り言葉を引き出していく。だが、今回のように相手側から持ち込まれた〝ネタ〟については、こちら側にどうしてもその事件について知りたいという意思がないのであれば、安易に深入りしないにこしたことはない。いたずらに相手に期待を抱かせ、実行できなかった場合に、逆恨みなどの手痛いしっぺ返しをくらうこともあるからだ。

また、たとえやりとりをするようなことがあったとしても、第1章に記したように、可能なことと不可能なことの線引きだけは、常に明確にしておく必要がある。その結果として断らざるを得ない場合は、すべてを不可能だとするのではなく、ある程度の〝おみやげ〟（この場合は雑誌掲載）を添えるようにすると丸く収まりやすい。

そうした意味でも、この山口のケースは、殺人犯からの依頼に対する断り方の経験になったのだと思う。

第6章 筧千佐子の秋波

――近畿連続青酸死事件

女性の被告には男性刑務官が二人立会う理由

拘置所で女性の被告と面会する際、男性の被告との面会とは異なる点が一つある。

それは面会時に立会う刑務官について。男性の被告と面会する場合は、常に男性刑務官一人が脇について実施される。一方、女性の被告だと女性刑務官一人が立会うことになるが、業務の都合で男性刑務官が立会うことになった際には、かならず二人がつくのだ。

その理由が事故防止のためであることは、想像に難くない。女性の被告と男性刑務官を二人きりにすることにより、猥褻《わいせつ》事案の発生や、女性の被告側からの「男性刑務官に触られた」といった虚偽申告を防ぐために、複数を配するのである。

ただ、そのような理由について理解しているとはいえ、そこまで広くない面会室で、向き合う女性の被告の脇で二人の男性刑務官が聞き耳を立てている状況というのは、なかなかにやりにくいものだ。

最近では〝近畿連続青酸死事件〟の筧千佐子との面会がそうだった。三件の殺人罪と一件の強盗殺人未遂罪に問われ、二〇一七年十一月に京都地裁で死刑判決を受けた彼女との、全二十二回の面会のうち、七割近くが二人の男性刑務官立会いのもとで行われた。ちなみに千佐子は地裁判決後に即日控訴しており、大阪高裁での控訴審が始まる前のことである。

筧千佐子と結婚や交際をした男性十一人が死亡

この事件は一三年十二月に、彼女の夫で京都府向日市に住む筧勇夫《いさお》さん（当時75）が、自宅で死亡したことに端を発する。筧さんの体内から青酸化合物が検出され、事件の疑いが浮上したのだ。

そこで筧さんが死亡する前月に結婚したばかりの千佐子に捜査の手が及ぶと、彼女が過去に結婚や交際をした高齢の男性が、次々と死亡していたことが判明。死亡したのは大阪府や兵庫県、奈良県と近畿一円に住む男性で、その数は筧さんを含めて判明しただけでも十一人に上った。

捜査の結果、残された血液や胃の内容物から青酸化合物が検出された京都府と大阪府の各一人と、死亡時に残された診療記録などから青酸中毒死と判断された、兵庫県の二人への犯行に関わったとして、千佐子は逮捕・起訴されたのである。ちなみに被害者は、いずれも死亡時に七十代だった。

取材の殺到を見越した、時間との闘い

私がこの事件の取材に関わったのは、一四年三月のこと。京都府警が内偵しているとの情報を摑んだ週刊誌の編集者から、取材をしてほしいとの依頼を受けたのだ。ちょうど別件の取材を大阪で終えたばかりだったこともあり、すぐに京都へと向かった。

この段階ですでに、千佐子が過去に結婚や交際をしていた男性が数多く死亡しているとの話はあったが、入ってくる情報は断片的で、具体的にこれまで何人が死亡しているのか、その全体像を把握することはできなかった。

ただ、千佐子にとって筧さんは四人目の結婚相手であり、それよりも前に結婚した三人の男性については、死亡時期も含めて特定することができた。また、その結婚相手の所有する土地と建物の登記簿謄本を入手することによって、実際に二番目と三番目の夫

の死亡時に、千佐子は土地と建物を相続し、その後売却していることもわかった。

　そうした状況も含め、いずれ大事件に発展する可能性があるため、私は最初の記事を校了してから、当該記事が掲載された週刊誌が発売されるまでの間に、千佐子が幼少期から就職するまでを過ごした福岡県北九州市へと移動し、取材を継続している。

　続報を視野に入れた取材だったのだが、校了後にいったん東京に戻ることなく、それを急いだのには理由がある。じきに発売される週刊誌では、彼女の出自について具体的に記している。逮捕前であるため、さすがに名前こそ仮名にしているが、記事が出ることによって、地元に取材が殺到する恐れがあった。そうすると周辺の取材や写真入手のハードルが、一気に上がってしまう。そこで事前に手を打つ意図で、千佐子の幼少期や学生時代について知る人物を探し出し、写真を入手するため間隔を空けずに動いたのだ。その結果として、北九州市では同級生のコメントと写真を入手するに至った。

　それから千佐子が一四年十一月に逮捕されるまでは、この件に関する報道は週刊誌が中心で、テレビや新聞などはごく一部を除いて、彼女の事件について報じることはなかった。とはいえ、水面下では各社ともに着々と取材を進めており、逮捕後にはそれらを素材として一斉に報道している。

高齢男性の関心を引く千佐子の手口

私自身は定期的に大阪府警や兵庫県警を担当する記者と連絡を取り合っていたが、記事にする目的で次に取材に動くことができたのは、一五年十一月になってからである。千佐子が四件目の事件で最後の起訴をされて間もなくのことだ。結果として、彼女が起訴された事件の被害者のうち、結婚相手は筧さん一人だけで、ほかの三人は彼女の交際相手だった。

現場での取材に動く前に知人記者らを訪ね歩き、これまでに判明している千佐子の交際相手をリストアップしたところ、結婚相手を含めて十一人が死亡していることが確認できた。また、その作業でわかる限りの結婚、交際の開始時期と死亡時期を表にしたところ、何人かの交際時期が重複していることも明らかになった。

以下はそれらの時期と死亡時の年齢である（＊印は千佐子が起訴された事件）。

①大阪府貝塚市の矢野正一氏（仮名・54）　一九六九年十月に結婚、九四年九月に死亡。
②大阪府大阪市の北山義人氏（仮名）　交際時期不明、二〇〇二年四月に死亡。
③兵庫県南あわじ市の笹井幸則氏（仮名・68）　〇三年頃から交際、〇五年三月に死亡。
④兵庫県西宮市の宮田靖氏（仮名・69）　〇六年五月に結婚、〇六年八月に死亡。
⑤奈良県奈良市の大仁田隆之氏（仮名・75）　〇七年十二月に遺言公正証書作成、〇八年三月に死亡。
⑥大阪府松原市の山口俊哉氏（仮名・75）　〇八年四月に結婚、〇八年五月に死亡。
⑦＊兵庫県神戸市の末廣利明氏（79）　〇五年夏頃から交際、（＊〇七年十二月に入院）〇九年五月に死亡。
⑧＊大阪府貝塚市の本田正徳氏（71）　一〇年十月頃から交際、一二年三月に死亡。
⑨大阪府堺市の木内義雄氏（仮名・68）　交際時期不明、一三年五月に死亡。
⑩＊兵庫県伊丹市の日置稔氏（75）　一二年十月頃から交際、一三年九月に死亡。
⑪＊京都府向日市の筧勇夫氏（75）　一三年十一月に結婚、一三年十二月に死亡。

＊印は千佐子が起訴された事件

2005
2006
2007
①
②
③兵庫県南あわじ市の笹井幸則氏（仮名・68） 03年頃から交際、05年3月に死亡
③
06年5月に結婚、8月に死亡
④
⑤奈良県奈良市の大仁田隆之氏（仮名・75）
⑤
⑥
⑦
⑧
⑨
⑩
⑪
2011
2012
2013
①
②
③
④
⑤
⑥
⑦
10年10月頃から交際、12年3月に死亡
⑧
交際時期不明、13年5月に死亡 ?
⑨
12年10月頃から交際、13年9月に死亡
⑩
13年6月に見合い、11月に結婚、12月に死亡
⑪

筧千佐子　交際の開始時期と結婚時期、相手の死亡時期

2003
2004
①
②
③
④
⑤
⑥
⑦
⑧
⑨
⑩
⑪
①大阪府貝塚市の矢野正一氏（仮名・54）　1969年10月に結婚、94年9月に死亡
?
②大阪府大阪市の北山義人氏（仮名）　交際時期不明、2002年4月に死亡
④兵庫県西宮市の宮田靖氏（仮名・69）
⑦＊兵庫県神戸市の末廣利明氏（79）
2008
2009
2010
07年12月に遺言公正証書作成、08年3月に死亡
⑥大阪府松原市の山口俊哉氏（仮名・75）　08年4月に結婚、5月に死亡
05年夏頃から交際、07年12月に入院、
09年5月に死亡
⑧＊大阪府貝塚市の本田正徳氏（71）
⑨大阪府堺市の木内義雄氏（仮名・68）
⑩＊兵庫県伊丹市の日置稔氏（75）
⑪＊京都府向日市の筧勇夫氏（75）

こうしたリストアップ作業や周辺での聞き込みと並行して、千佐子が高齢男性と知り合うために利用していた結婚相談所への取材も行った。当然ながら取材拒否の業者も多かったが、なかには「見合いの相手は年収一千万円以上を条件にしていた」など、興味深い情報を提供してくれる業者もいた。

またその過程で、千佐子が複数の結婚相談所に登録した際に書いた身上書も入手することができた。それらの資料に書かれた内容から、彼女が高校卒業後に勤めていた銀行を退職した時期や、両親の出生地などを知ることができ、手持ちの情報が増えていく。さらに身上書には、千佐子から未知の相手男性に向けた、次のようなメッセージも記されていた。

〈第二の人生に夢ふくらませてます。私の性格は明るくプラス志向で寛容でやさしいです。相手の方への思いやりと尽くすことが私の心意気です。健康管理と明るい家庭が妻のつとめと思います〉

このような言葉を弄して高齢男性の関心を引くという、彼女の手口が徐々に見えてくる。そこまでくれば、取材者としてはできれば直接本人の肉声を聞きたいと考えるものだ。私は千佐子が勾留されている京都拘置所へと足を運んだ。だが、拘置所の職員から返ってきた言葉は、「ああ、この人には接見禁止がついてますわ」というものだった。

本人が否認を続けている場合や、殺人などの重大事件では、こうした接見禁止処分が課されることが多い。接見禁止処分がついているときは、面会ができないだけでなく、ほぼすべてのケースで手紙の受領禁止処分も課されているため、手紙を出しても本人の手に渡ることはない。それらは通常、初公判の開始と同時に解除されるため、それまでは面会の可能性がないことを意識した。

死亡した男性の兄弟は違和感を抱いていた

私はこの段階で、千佐子が死亡した交際相手に作成させた〝公正証書遺言〟のコピーを入手していた。そこには〈遺言者が、遺言者が有する下記一の不動産及び二の金融機関に預託中の預貯金等を含む全ての財産を、遺言者の内縁の妻・矢野千佐子（苗字のみ仮名、生年月日省略）に遺贈する〉との文言に続き、遺言者の所有する土地建物の所在や地積、さらには銀行口座名が記されている。

前記の〝公正証書遺言〟を作成して、二カ月あまりで死亡した大仁田隆之さんの兄弟が、九州にいるとの情報を得た私は、現地へ向かった。その取材では、「（大仁田さんが）死んだとの連絡を受けて、こっちからは兄弟三人が行きました。でも、ちょっとおかしいというのはあったんですよ。死因は急性心不全と告げられましたが、死に顔が黒ずんでたから。だから兄弟でちょっと、死に顔がおかしいなとの話はしました」との話を得ることができた。また、「通夜の席で兄の遺産を全部貰う権利があるとか、そういうことを言うもんだから、どこに証拠があるのかと言ったら、十二月二十五日に公証人役場に行って、公正証書を作ってる」と、千佐子がみずから遺産相続を切り出した様子も聞いている。

小柄な、どこにでもいるおばちゃん

このようにして取材を進めていったが、私が初めて千佐子の生身の姿を目にすることができたのは、それから約一年半後となる一七年六月のことだった。京都地裁で開かれた、彼女の裁判員裁判を傍聴したのである。

六月二十六日に始まる彼女の裁判は、十一月七日の判決までに百三十五日の審理期間を要し、裁判員制度が始まってから二番目に長いものだった。初公判には五十八枚交付される傍聴券を求めて、六百十四人が抽選券の配布を受けた。つまり約十・五倍の倍率である。

私もその列に並び、抽選結果の発表を待ったが、残念ながらハズレだった。このような場合は法廷前の廊下に張りついて、一般傍聴人に声をかけては、休廷時間に法廷での様子を聞かせてもらうことにしている。

ここで運良く出会ったのが、友人が法廷に入っており、途中で入れ替わる予定だという男性だった。彼らが廷外に出た際、双方から話を聞かせてもらうことの承諾を得ることができたのだ。

午前中に始まった裁判は、昼の休廷を挟んで午後三時過ぎまで続く。私は最後まで見ずに帰るという彼らの好意により、午後の審理の途中から法廷に入れるという僥倖《ぎょうこう》にめぐりあった。

初めて見た千佐子は、小柄などこにでもいるおばちゃんといった印象で、右前に黄と赤の柄が入った紫色のTシャツに紺色の膝丈ズボンという姿。髪は短く白髪交じりで、頬はたるんでいた。耳が遠いためにヘッドホンをつけた彼女は、腕組みをしたり、ときおり手を口元に持っていくが、それ以外はずっと無表情だった。

午後三時十五分に裁判長が閉廷を告げると、刑務官に手錠と腰縄をつけられた千佐子は、退廷する直前にいったん立ち止まり、傍聴人席に深々と頭を下げて廷外に出た。これまで彼女は人定質問と、罪状認否で言葉を発しているが、後半しか傍聴できなかった私は、まだこの段階で彼女の肉声を耳にしていない。じつはこの二日後、私は京都拘置所へ出向き、千佐子との面会を試みている。接見禁止は解かれており、彼女さえ了承すれば、面会は可能だった。しかし、本人が会いたくないとのことで、断念するほかなかった。そのため、私が初めて千佐子の肉声を聞くことができたのは、七月十日に開かれた〈第八回公判〉における、被告人質問の場である。

突如犯行を認め、一方で認知症をアピール

当日、証言台に立った千佐子に、まず弁護人が尋ねた。

「被告人質問の手続き、質問について、あなたはどうされますか？」

「私？　お答えします。先生、私に質問しはるんでしょ？」

千佐子ははっきりした早口で答えた。ただし、それは弁護人が意図した答えではなかったようで、表現を変えて質問される。

「検察側からの質問についてどうしますか？」

「黙秘します」

続いて裁判官と裁判員からの質問についてどうするかと弁護人に尋ねられた千佐子は、同じく「黙秘します」との言葉を繰り返した。

だが、質問者が検察官へと代わり、質問を始めると、彼女は黙秘をするのではなく、犯行への関与を口にしたのである。そのやりとりは次のようなものだ。

「（筧）勇夫さんに毒を飲ませ、殺害したのは間違いないですか？」

「間違いないです」

千佐子がいきなりみずからの犯行を認めたことで、法廷はざわめいた。検察官が確認の意味を込めた質問を繰り返すが、彼女は犯行を認める発言を続ける。予想外の展開に慌てた記者たちの一部が、速報のため廷外に出ていく姿が目に入る。

この日、千佐子は「毒」こと青酸化合物を健康食品のカプセルに入れて、筧さんに飲ませたことを認めた。ただその一方で、「私は老人性痴呆症で……。一週間前のことも思い出せないです」と口にしたり、「憶えてない」との言葉を多用するなど、自身の認知機能の低下を訴えるのだった。

千佐子による認知症のアピールは、次回の〈第九回公判〉ではより顕著となり、弁護人から前回の公判でどのようなことを質問されたか、事細かに尋ねられるたびに、彼女は記憶があやふやで「憶えてない」との発言を繰り返した。

裁判は筧さんの事件に続き、本田さん、末廣さん、日置さんの順番で審理されていく。そのなかで千佐子は、ときには犯行を認め、かと思えば、直後に記憶の減退を訴えて、なにも憶えていないと主張する。

こうした裁判のなかでは、千佐子がのちに社会問題化した海外先物オプション取引の取次をしている会社に対して、投機的取引をした結果、三億円の損失を出していたことも明らかになった。末廣さん事件を扱う九月四日の〈第二十四回公判〉での被告人質問において、そのことを検察側から指摘された彼女は、「損どころか、命取られました」と口にし、損失の穴埋めに、死亡した相手の遺産を注ぎ込んだことを認めている。

別々の男性に同時期に送信した〝愛のメール〟

また、一連の裁判の過程では、千佐子がかけた一一九番通報や、開錠業者に金庫の開錠を依頼する音声データなどが流され、筧さんや日置さんに送ったメールの文面が明かされるなどした。

なかでもメールの文面は、千佐子が高齢男性を惹きつけるために、どのようにしてきたのか窺える内容だった。それはたとえばこのようなものである。

〈おはよう。昨日はありがとう。勇夫さんの愛と信頼に、あなたのもとにいく気持ち、揺るぎないものになりました。私のような愚女を選んでもらいありがとう。これからは二人で幸せを見いだしていきましょう。愚女ですが、よろしゅうにお願いします〉（一三年八月十八日に千佐子が筧さんに送信したメール）

〈離れて暮らしていても自然体で夫婦の感覚で、へだたりや垣根、ハードルがないんです。数カ月しかたっていない感覚でないんです。大好きになってしまっているからでしょうね〉（一三年八月十一日に千佐子が日置さんに送信したメール）

文面もさることながら、千佐子がこのメールを送った日付も興味深い。日置さんは一三年九月に死亡し、筧さんは一三年十二月に死亡しているが、二つのメールを送った時期はわずか一週間しか離れていないのである。ちなみに、千佐子が初めて筧さんにメールを送ったのは、彼と見合いをした一三年六月二十九日。つまり、彼女が日置さんならびに、筧さんと交際していた時期は、完全に重複しているのだ。そうしたことも裁判では明らかになった。

「そんなカネありますか？　また人殺せいうんですか？」

　また、千佐子は各事件の被告人質問で、質問してくる検察官や裁判官に対して、苛立ちを露わにすることが常態化するようになっていた。ときにはそれが裁判員に対しても向けられる。

　日置さん事件を取り扱い、彼女への最後の被告人質問となった九月二十六日の〈第三十二回公判〉でのこと。検察官に「ご遺族に慰謝料を支払うという考えは？」と問われた千佐子は、短い沈黙に続いて次のように返す。

「私は年金生活者です。そんなカネありますか？　また人殺せいうんですか？　極論ですけど」

　その後、女性の裁判員が「反省はしているんですか？」と問うと、彼女は声を荒らげた。

「反省してるとか、してないの問題じゃないでしょ。そんな少女ドラマのようなこと言わないですよ。失礼です。あなたのような若い人にそこまで言われたくない。私はあなたのお母さん、おばあさんの年ですよ。失礼です」

　そのように感情的な振る舞いを繰り返しつつ、いたるところで自身の記憶力の低下を訴えてきた千佐子に対し、十月十日の〈第三十六回公判〉における最終論告では、検察側が「まれに見る凶悪、重大な事件であり、極刑が認められる。みずからの命をもって償わせるほかはない。死刑を言い渡すべきだ」との文言で死刑を求刑した。

そのとき千佐子は口元に手を当てたり、両腕を組んだりして検察官の言葉を聞いていたが、とくに表情に変化は現れなかった。裁判長が閉廷を告げると、彼女は無表情のまま、傍聴席に一礼して法廷を出ている。

翌十月十一日の〈第三十七回公判〉では、最終弁論が行われ、これをもって結審となる。弁護人による無罪の主張に続き、最終意見陳述として千佐子は証言台に呼ばれた。これまで饒舌に自己主張を繰り返してきた彼女は、打って変わって感情を抑え、手にした一枚の紙を読み上げるに留まった。

「すべて弁護士に任せてあり、私から言うことはありません。以上です」

死刑判決直前、裁判長に浴びせた言葉

そんな彼女に判決が言い渡されたのは十一月七日のことである。

裁判長は証言台の千佐子を座らせ、判決の主文ではなく、判決理由から読み上げ始めた。厳しい判決が予想される〝主文後回し〟に、前方の記者の一部が廷外へと早足に出ていく。だが、千佐子は微動だにしなかった。やがて判決理由を読み上げた裁判長が、千佐子に立つよう促した。そのときである……。

「すいません、私耳が遠いんで、もっと大きな声で言ってください」

千佐子が不満げな声を廷内に響かせたのだ。私自身、これまで極刑が予想される裁判の判決言い渡しには何度も立会ってきた。しかし、このように声を上げた被告に出会ったのは初めてだった。

気勢を削がれたかたちで裁判長は千佐子に判決を言い渡した。

「主文、被告人を死刑に処する……」

しかし彼女は表情を変えず、微動だにしない。手錠と腰縄をつけられて、退廷する際もこれまでとまったく変わらず、しれっとした表情で傍聴人席に一礼して出ていった。

初対面で「死刑」と口にした初めての殺人犯

なんだろう、これは……。

彼女が醸す雰囲気に、これまでに知る殺人犯とはまったく違う空気を感じた私は、どうしても本人に会いたくなった。

詳細は明かせないが、私は千佐子の知人をあたり、その紹介を得ることによって、再度の面会を試みたのだった。

それは判決の二日後、十一月九日のこと。千佐子は私を面会室に招き入れた。つまりは面会を承諾したのである。

赤いセーターを着て私の前に現れた千佐子は、挨拶に続いて私が彼女の実家と同じ北九州市の出身であることを告げると、「そうなん？　いやあ、懐かしいわあ……」と喜んだ。

そんな彼女に、自分はこれまで多くの殺人事件の被告と会っており、今後の裁判の流れなどについての情報を教えられることを話したうえで、なにか知りたいことがあれば遠慮なく尋ねてほしいと切り出した。

「はい、質問」

千佐子はすぐに声を上げる。

「私な、死刑判決を受けたやんか。いつ頃執行されるの？」

みずから「死刑」というセンシティブな単語を持ち出すとは予想していなかった私は、彼女のそのあけすけな問いかけに驚いた。だが、ここは平静を装ったほうがいいと考え、落ち着いた口調で「まだまだですよ」と返答した。

しかし千佐子はなおも「具体的には？」と食い下がってくる。

「いやいや、高裁や最高裁がまだあるでしょ。刑の確定までに二年近くかかると思いますよ。しかも、確定したってすぐに執行されるわけじゃないです……」

「私いま七十でしょう。七十五まで生きられるんかなあ？」

「そら生きてるでしょう」

千佐子とそうしたやりとりを交わしながら、私は不思議でならなかった。現在は死刑が確定している殺人犯五人と面会してきた経験のなかで、ここまで単刀直入に死刑や自身の生命の期限について口にする人物はいなかったからだ。当然ながら、そのことについて私から切り出すこともない。だが、彼女は会ったばかりの私に平然と質問を投げかけ、この場での話題としているのである。その心理は量りかねた。

メモ帳は警戒される可能性が高い

ただし、いくら千佐子がざっくばらんであったとしても、私のなかでは事前に取り決めていることがあった。それは、事件については、彼女との信頼関係が構築されるまでは聞かないようにしようということだ。

拘置所での面会は、相手がもう会わないとなった時点で終わってしまう。だからこそ、慎重に対話を進める必要があるのだ。私は裁判での被告人質問で、彼女が幾度も腹を立てて声を荒らげる姿を目撃していた。そうした虎の尾を踏まないためにも、まずは頼られ、仲良くなることが先決だった。

その日は彼女の思い出の場所や、好きな男性のタイプといった当たり障りのない話を重ね、やがて面会時間が終了する前に、私は千佐子に明日またやってくることを伝え、差し入れをしたいからと、食べ物の好みを尋ねた。好き嫌いはないという彼女は、甘いものが好きで、よくお菓子を買っていると話す。

「わかりました。じゃあ甘いお菓子を差し入れるようにしますね」

未決拘留中の拘置所では、指定の売店で菓子類の差し入れができる。千佐子はその言葉ににっこり笑い、「もう先生な、無理せんでええから。けど、嬉しいわ」と喜んだ。

私は手を振る千佐子と別れ、拘置所の外に出てから先ほどまでのやりとりを、持参したメモ帳に書き込んだ。面会時、拘置所内にICレコーダーなどの録音機を持ち込むことはできない。メモを取ることは構わないのだが、メモ帳を見た彼女が警戒して、話をしなくなる可能性がある。そこで、自然にメモ帳を取り出せるシチュエーションでない限りは、この方法を続けることにした。

雑談で見えてきた千佐子の人となり

このようにして千佐子と面会をするようになった私は、彼女が若い頃に過ごした北九州市の話を織り交ぜながら、その出生について尋ねるなどした。裁判でも少しだけ触れられたが、千佐子は生みの親と育ての親が異なり、長崎県で未婚の女性の子として生まれており、生後間もなく北九州市に住む育ての親のもとに養子に出されたのだった。

千佐子がそのことを知ったのは結婚して大阪に嫁いでから。実母から手紙が来たそうなのだが、それに対して「犬や猫でも自分の子供を育てるのに、あなたは犬猫以下ですね」と書いた手紙を出し、その後会いに行くこともなかったと彼女は語る。

三回目の面会では、立会いがこれまでの女性刑務官一人ではなく、男性刑務官二人だった。私がそのことに触れると、千佐子は自嘲気味に言う。

「そうなんよ。けど私に二人つけてもなあ。終わってるでしょ。私もう色仕掛けとかせんのに……」

これには脇の刑務官も苦笑を浮かべていた。

面会の際に千佐子がよく話していたのはペットである犬について。小さな頃から実家では犬を飼い、逮捕される前にも家に犬がいたという。昔から犬がなによりも大好きだという彼女は言う。

「自分が逮捕されそうとわかって、まずした心配が犬のことやった。それで知り合いの弁護士に相談して犬の引き取り先を募集してもらって、遠方の人に貰ってもらったんよ。

京都の人。もう、抱きしめて連れていったわ」

この話をしたのは四回目の面会時だが、そこでは彼女が大阪の矢野正一さんに嫁いだ話題にも触れ、次のように語っている。

「(互いの親に) 反対されたのに、それを押し切って結婚して大阪に来たのが人生の失敗やわ。それでこんなバチが当たったんやと思う」

潤む目、親しげな笑顔、そして嘘

私は五回目の面会に際し、ネット上で探し出した写真をプリントして持参した。それは千佐子の母校である北九州市の東筑高校や、彼女が青春時代を送った昭和三十年代の北九州市の街並みの写真である。それらをまず面会室で見せ、差し入れる。すでにその前の面会では、江國香織の本を二冊と林真理子の本を一冊、さらに彼女の高校時代の卒業アルバムを複写した写真を差し入れている。

写真を見た彼女の目は、懐かしさですぐに潤む。そして自身の北九州市での思い出について語り始める。この日は前回に続いて千佐子が大阪の矢野家に嫁いでからの話になり、近くにあった本家から意地悪をされたという恨み言を口にした。また、彼女が長年の友人からした借金についての話題が持ち上がり、事前の取材で借金を返済していないことを把握していたが、彼女は返済が終わっているとの嘘をついた。その嘘について私は追及することなく、「そうなんですね」とだけ返して面会を終えた。

東京へと戻った私を待っていたのは、彼女からの速達葉書だった。そこには、この手紙の前に菓子の差し入れに対しての礼状を書いたが、住所を間違えて返送されてきたと書かれていた。

以後、それから十二日後の千佐子との面会までの間に、二日に一度のペースで彼女からの手紙が自宅に届いた。そうした手紙には、本などの差し入れへのお礼のほか、〈待ってま〜〜す。人恋しいのでお会いしたいで〜〜す〉といった文字が躍る。

「先生、やっと来てくれましたね」

六回目の面会では、千佐子は私の顔を見るなり、そう言って笑顔を見せた。

〈人恋しいです。お会いしたいです〉

その日、「矢野プリント（仮名）」という、最初の夫の死後に千佐子が受け継いで倒産させた、衣料プリント会社の立ち上げについて話し、そこからふたたび彼女が矢野家の本家からひどい扱いを受けたとの恨み言に話題が流れた。

そこで私は彼女が事件を起こした原因に繋がると考えられることについて、初めて触れることにした。

「投資とかでおカネを稼ごうとしたのは、本家を見返すため？」

すると千佐子は間髪を容れずに返す。

「そうですよ。おカネを稼いで、後ろ指をさされないようにしたかったから」

徐々に踏み込んでも大丈夫な気配を察した私は、それ以降の面会で、彼女の交際相手や結婚相手について、順を追って尋ねていくことにした。

七回目には北山さんと宮田さん、八回目にはふたたび北山さんと笹井さんの思い出話といった具合だ。私はそうした話を切り出すに際して、時間の組み立てを心がけるようにしていた。面会者の多い拘置所では十分くらいしか面会時間が取れないこともあるが、京都拘置所は概ね十五分から二十分の面会時間があった。そこで、最初の数分は楽しい話、途中であまり楽しくない話、最後の五分間でまた楽しい話を割り当てることで、次回の面会に繋がるようにしたのである。

十回目の面会では、千佐子に北山さん、笹井さん、宮田さんとの思い出を手紙に書いてほしいと伝え、彼女は了承した。だがしかし、それは最後まで実行されることはなかった。その後も千佐子から送られてくる手紙は、恋文のような文言が多用され、〈人恋しいです。お会いしたいです（本心で）〉といった言葉や、〈こんな処（？　シューン）にいるのに、こんな出会い（？　？）があるなんて夢のようです（夢ならさめないで）〉といった文字がちりばめられている。それは彼女からの〝秋波《しゅうは》〟であり、過去に高齢男性に対してこのようなアプローチをしていたのだろう、ということが窺える文面だった。

面会十一回目で挑戦したきわどい話題

十日以上の間を空けて十一回目の面会をしたとき、私は「毒」こと青酸化合物の話題に触れた。千佐子はこれまで裁判のなかで一貫して、青酸化合物は「矢野プリント」時代の出入り業者から、高価な衣料をミスプリントした際の色落とし用に貰ったと証言している。しかし、私が独自に「矢野プリント」で働いていた元従業員に取材をしたところ、同社では高価な製品は扱っておらず、ミスプリントがあっても廃棄していたとの証言を得ていた。そこで、会話に取り入れることで、矛盾点が綻びないかと期待したのである。ただしここでも、もし千佐子が認めなかった場合は、深追いしないと事前に決めていた。

そこで青酸を使って布の色を落とすことが本当に可能なのか尋ねた私に対し、千佐子は「そんなん私、専門家やないから、よう知らんわ。ただ、私がそう言われて（毒を）貰ったのは間違いないから……」と色をなして反論した。そのうえで印刷間違いを消すためだったとの自説を繰り返す。

話し続けていくうちに、千佐子の感情が高ぶっているのが伝わってくる。そこで、これ以上はやめたほうがいいとの判断で、途中から会話を犬の話題にスライドさせた。最後の五分間はすべて彼女が飼っていた犬の話題に終始し、私は聞き役に徹した。

やがて機嫌を直した彼女が「私が死んだときにお願いしたいのは、棺のなかに犬の写真を入れてほしいということやね」との言葉を口にして、面会室を出ていく後ろ姿を見送りながら、胸を撫で下ろした。

ある時期から感じた面会の行き詰まり

一八年になり、私は千佐子との面会に行き詰まりを感じるようになっていた。会話のなかで、次第に事件や毒について触れるようにはなっていたが、これまでの裁判で証言してきた内容を繰り返すことが多く、そのなかには明らかに事実関係と異なる嘘も含まれていたからだ。

なんらかの打開策を考えなければならないなか、私は十五回目の面会からは、認知症のテストや心理テストといった、客観的に評価できる検査キットを面会室に持ち込むようになった。ただし、より専門性が高くなればなるほど、その結果を素人が判断してしまうことは間違いに繋がってしまう。そこで、長年の友人である某大学病院の精神科医長である医師に相談し、推奨する検査キットを教えてもらうとともに、その結果の診断をお願いすることにしたのだった。

友人の医師から、「あくまでも（性格の）傾向を知るための参考に」ということで、教えられたのは『新版ＴＥＧ（東大式エゴグラム）Ⅱ』（以下ＴＥＧ〔金子書房〕）という検査キットである。これは五十三問の質問に答えてもらい、そこから被験者の性格を見極めるというものだ。ただ、専門的なＴＥＧの入手には少々の時間が必要だったため、それまでの間、私はインターネット上でも入手できる『長谷川式認知症スケール』や、一般書店で購入できる心理テストを彼女に実施したのだった。

千佐子自身はそうした検査を受けることを、まるでテストのように楽しんでいた。『長谷川式認知症スケール』で約五分の試問を受けたあとには、「なんやおもろいなあ」との言葉に続いて、次のように言った。

「ねえ先生、私思うんやけど、賢かったらしんどいやない。いろいろ考えてまうし。私ねえ、死ぬときはアホになって死にたいと思ってんのよ。もうなんも考えんと死にたいわ」

ふと漏らした殺人の告白

こうしてＴＥＧを入手する前の試問をしている期間に、彼女はみずから殺人について告白することもあった。

それは私が「千佐子さんって、北山さんは殺めてないの？」とストレートに尋ねたことに端を発した。

千佐子はとんでもないというふうに首を横に振って言う。

「北山さんは殺めるどころか、あの人がいまも生きてたらこんなところに来てないわ。あんなにおカネを出してくれる人、私が殺めるわけないやろ」

この北山さんとは、彼女が最初の夫を亡くして次に交際したとされる相手である。千佐子との面会のなかで、彼女が資産家だった彼からマンションの一室をプレゼントされ、数千万円の現金を受け取ったことを聞いていた。そこで私は、千佐子が北山さんの次に交際した、笹井さんの名前を挙げた。

「てことは、おカネを出してくれない人を殺めたってわけ？　たとえば笹井さんは？」

「笹井さんは、殺めました」

「ほかにおカネをくれなかったのは？」

そこで千佐子が三番目の結婚相手である山口さんの名前を出したことから、彼をどうしたのか尋ねると、彼女は言った。

「山口さんは、殺めました」

そこで私が息を呑んだ気配を察したのか、続いて千佐子は「差別がひどかったんよ」と、話題を彼らの性格の特徴にずらし始め、やがて自身の記憶が減退していることを訴えたのだった。

十八回目の面会で千佐子に対してTEGを行った私は、その翌日と翌々日にも彼女と面会を続けた。そうした機会には、菓子類や書籍の差し入れをできる限りするようにしていた。たとえば十九回目のときに差し入れた菓子は、かりんとう、ココナツサブレ、チョコレート、ルマンド、キャラメルである。そして二十回目に差し入れた書籍は、『間宮兄弟』（江國香織）、『月のしずく』（浅田次郎）、『葡萄物語』（林真理子）だった。

もう直接対峙するしかない

二十回目と二十一回目の間は、私自身の仕事の都合で、約一カ月の空白ができた。その間に私は友人の医師と会い、千佐子のTEGの結果について尋ねている。

「彼女としては、取材を通じて、世間に自分はいい人間だと見せたいんでしょう。上手くいけば裁判に影響を与えたいと思っている」

医師は千佐子が意識して理想の回答をしていると看破した。同医師は続ける。

「こんなTEGがまれなんです。こんなのはほぼない。本人が外にいいように見えるようにしている、もしくは本人のなかではそう思っていることもある。もし本人が嘘をついている自覚がないのなら、そっちのほうが厄介です。共感性がかなり欠けてるんで、自分以外の人間は、自分が生きるための道具であると考えているんでしょう」

それが意味することは、つまり本人の自覚のあるなしにかかわらず、千佐子が私に対して話していることのなかには、かなりの確率で彼女にとって望ましい嘘が含まれているということである。

対話のなかで、千佐子が「憶えてない」という言葉を多用していることを私が口にすると、医師は「『憶えてない』がいちばん強いんですよ」と即答した。それで話が終わってしまうので、突っ込みようがないというのだ。それでいて使う側にとってはいちばん簡単な手段であるため、もっとも厄介なのだという。

そうした助言を受けて行った二十一回目の面会で、千佐子はこれまで口にしていた、笹井さんと山口さんの殺害を否定した。笹井さんは「殺したイメージがない」、山口さんは「殺した記憶がない」と言う。ふたたび話は振り出しに戻ってしまったのだ。

これはもう直接対峙するしかない——。

それが私の出した結論だった。私がこれまでの周辺取材で得た事実と確証する事柄と、千佐子が私に語ってきた嘘と思われる事柄を、ぶつけてみるということだ。

当然ながら、それが彼女の逆鱗に触れ、以後面会できなくなるリスクは承知していた。しかし、取材者として向き合っている以上は、いずれはかならずやらなければならないことである。さらにいえば、これ以上彼女に慮って話を進めたところで、虚実ない交ぜの情報を集めるだけになってしまう。これは潮時なのだとみずからに言い聞かせ、決意を固めた。

殺人犯の心が閉じた瞬間

二十二回目の面会で私が切り出したのは、彼女の長年の友人である吉村秀美さん（仮名）についてのことだ。

千佐子は私との面会のなかで、吉村さんがマルチ商法で健康食品を扱っており、彼女が事業に失敗したときには、数千万円を融資したということを何度か話していた。しかし私が吉村さん本人に直接確認したところ、彼女は融資どころか、そもそも事業に手を出しておらず、さらに逮捕前の千佐子に頼まれて、弁護士費用として三百万円を貸していたのである。この話の真偽については後日、吉村さんの子息とも電話で話して確認しており、千佐子が嘘をついているのは明らかだった。

「あのね、千佐子さん、これ決して責めるわけではないんだけど……」

そう前置きして、私が吉村さんと話したことを伝えた。そして、彼女は事業に手を出していないし融資を受けてもいないこと、それどころか弁護士費用としてあなたに三百万円貸したと聞いたということを話した。すると千佐子は「えっ？」と目を見開き息を呑んだ。

「私、おカネ借りたいう意識はないわ」

それからは彼女の否定の言葉が続く。私はできる限り冷静な言葉で語りかけるようにしていたが、さらに興奮した千佐子は、吉村さんがマルチ商法の「親」であり、自分がこういう立場で反撃できないから、言いたい放題だと声を荒らげた。

それからも、私が吉村さんから聞いた〝事実〟を、千佐子は一つとして認めることはなかった。アクリル板越しにこちらを睨みつけ、私がなにを言っても、「憶えてない」「あり得ない」を繰り返す。

その激昂の様子を目の当たりにしながら、彼女のなかに宿る〝攻撃性〟の強さを改めて実感した。

まったく取りつく島もなく、終わり間際五分間の〝楽しい話〟もできなかった。千佐子はいつも、面会室を出る際には笑顔で手を振って出ていく。だが、その日は怒りで顔を紅潮させたまま、「私もね、もう死刑になるからね。勝手に言いたいこと言うて、いう感じや」との捨てぜりふを吐いて、こちらを振り返ることなく出ていった。

終わり、とのエンドマークが見えるような瞬間だった。

以来、彼女からの手紙は途絶えた。はたして、この断絶は時間によって解決されるのだろうか。

一八年十月現在、千佐子は控訴審を控えて京都拘置所から大阪拘置所に移送されている。環境が変わった彼女の心境が変わっていないかどうか、機会があれば直接訪ねてみようと考えている。

エピローグ

特別なものはなにもいらない——。

スマホの登場で、事件取材に必要な道具はかなり簡略化された。なにしろ地図やカメラ、ＩＣレコーダーなどがその一台で片づくのである。あとはペンとノート、それに名刺があればほかに必要なものはない。かつての重いバッグを抱えた取材を考えれば、ずいぶんと身軽になった。

とはいえ、取材を重ねれば重ねるほど、自宅にある資料は増えていく。

事件に関わる人物が多い場合は人物相関図を作成するし、長期にわたる犯行であれば年表を書き出したりもする。これまでに作成した人物相関図のなかで最大のものは、〝尼崎連続変死事件〟を取材したときのもので、登場人物は六十三人に及ぶ。また年表についていえば、〝北九州監禁連続殺人事件〟について、関係者が生まれた一九三三年から被告が九度目の逮捕をされた二〇〇三年までの間について、Ａ４の用紙で三十八枚を要している。

そうしたもの以外にも、当時の新聞、雑誌記事や数多くの取材メモ、文字資料、はては被告からの手紙類を合わせると、一つの事件で大きめの整理ボックス二、三箱の量になってしまう。

流行の断捨離のように、その事件を書籍にした折に捨ててしまったり、すべてを電子データ化したりして処分できればいいのだが、自分の足で稼いだものが多いだけに、なかなかそんな気にはなれずにいる。

そして気がつけば次の現場にいて、さらに資料が増えるという生活を繰り返す。


ただしそれが許されるということは、ある意味、恵まれているのだと認識している。近年、長期間の取材をさせてもらえる環境というのはなくなりつつある。そこでいくつかの媒体をまたぎながら企画を提案し、取材を重ねる手段を見つけようとするのだが、ハードルは高くなるばかりだ。また、そうした奥行のある事件というものは、滅多に出会えるものではない。さらにいえば、もしそういう事件にめぐりあえたとしても、自分がその奥行にまで到達できる確率はごくわずかなのである。

単純な憎悪だったり、カネ目的だったりといった理由で起きた事件は、どこを切っても似通った断片であることが多く、不謹慎な表現だが、現実的に長期間の取材には向いていないと感じている。もちろん、殺人事件に軽重はない。殺人によって被害者遺族となった人の悲しみはどれも等しく、加害者親族の懊悩もまたしかりだ。

だがプロとして仕事にしている以上は、その継続のために、取り扱う事件についてみずから取捨選択をする必要がある。

そうなるとどうしても一筋縄でいかない、被害範囲が広かったり、全容を摑みづらい事件を選ぶことになってしまう。そこでは複雑に絡まった糸を丁寧にほどき、一つずつ精査するという面倒な作業になる。しかもその糸となるべき情報を手に入れること自体が難しかったりもする。

そのうえそれらをクリアしても、より深くまで取材したことで、触れてほしくないことを世に出された相手から、一方的に恨みを買うことも少なくない。

その人物との面会の有無及び内容は口外しない約束になっているため、事件に繋がる情報は伏せるが、とある殺人事件の被告（現受刑者）から、面会時に目の前で「小野さん、あんた私になんか恨みでもあるの？」と詰め寄られたことがある。そうしたケースに限らず、私のことを激しく憎いと思っている殺人犯が、この世に何人かいるとの自覚はある。

たとえ相手が凶悪な殺人犯で塀の向こうにいるとはいえ、常に誰かに恨まれている状況というのは、決していい気持ちがしないものだ。また、逆恨みによる名誉毀損での民事訴訟のリスクも常につきまとっている。

だから私はこの職業に就くことについて、止めはしないが誰にも勧めたりはしない。〝絶滅危惧種〟の〝危惧〟が取り払われた状態というのが、現在の私の立ち位置についての説明となる。

＊本書第1章は『本の雑誌』特集「事件ライター一発逆転の〝特技〟」（２０１４年６月号）及び同誌連載「事件記者日記」（２０１５年２、４、７、９月号）を大幅に加筆訂正し、再構成したものです。それ以外の章は書き下ろしです。

著者略歴

小野一光《おのいっこう》

一九六六年、福岡県生まれ。
雑誌編集者、雑誌記者を経てフリーライターに。
「戦場から風俗まで」をテーマに数々の殺人事件、
アフガニスタン内戦、東日本大震災などを取材し、
週刊誌や月刊誌を中心に執筆。
『全告白　後妻業の女「近畿連続青酸死事件」筧千佐子が語ったこと』（小学館）、
『新版　家族喰い　尼崎連続変死事件の真相』（文春文庫）、
『震災風俗嬢』（太田出版）、『殺人犯との対話』（文藝春秋）など著書多数。

幻冬舎新書 524

人殺しの論理

凶悪殺人犯へのインタビュー

二〇一八年十一月三十日 第一刷発行
二〇一九年十一月二十日 第三刷発行

著者 小野一光

発行人 見城徹

編集人 志儀保博

発行所 株式会社 幻冬舎

〒一五一-〇〇五一 東京都渋谷区千駄ヶ谷四-九-七
電話 〇三-五四一一-六二一一(編集)
〇三-五四一一-六二二二(営業)
振替 〇〇一二〇-八-七六七六四三

ブックデザイン 鈴木成一デザイン室

印刷・製本所 株式会社 光邦

検印廃止

Printed in Japan ISBN978-4-344-98525-4 C0295
お-27-1

幻冬舎ホームページアドレス https://www.gentosha.co.jp/

*この本に関するご意見・ご感想をメールでお寄せいただく場合は、comment@gentosha.co.jp まで。

幻冬舎新書

渋井哲也
実録・闇サイト事件簿

ネットで出会った男たちが見も知らぬ女性を殺害するという、犯罪小説のような事件を生んだ「闇サイト」とは何か。閉塞した現代社会の合わせ鏡、インターネットの「裏」に深く切り込む実録ルポ。

堤未果
日本が売られる

日本人が知らぬ間に様々な法改正が水面下でなされ、米国や中国等の海外勢が日本の資産を食い潰そうとしている。国際ジャーナリストが緻密な現場取材と膨大な資料を通し、書き下ろした一冊。

足立照嘉
サイバー犯罪入門
国もマネーも乗っ取られる衝撃の現実

世界中の貧困層や若者を中心に、ハッカーは「ノーリスク・ハイリターン」の人気職種。さらに、犯罪組織やテロリストは、サイバー犯罪を収益事業化。今、〝隙だらけの日本市場〟が狙われている！

尾出安久
ブラック葬儀屋

多様化する葬式事情の中、悪徳業者に騙されるケースが頻発する昨今。現役葬祭マンが見聞きしたその手口と、人に聞けないお金やしきたり、手順を解説。心のこもった「現代的お葬式」のありようが見えてくる。

幻冬舎新書

中村淳彦
ルポ 中年童貞

性交渉未経験の男性が増えている。30歳以上未婚男性の4人に1人が童貞。この割合はここ20年間上昇を続けている。性にまつわる取材を続ける著者がえぐる日本社会の不健全さ。衝撃のルポルタージュ。

鈴木伸元
性犯罪者の頭の中

性犯罪者に共通するのは日常生活での〝満たされなさ〟。その感情がどう変化し、彼らを性犯罪へと駆り立てるのか。性犯罪者の知られざる心の闇を赤裸々に綴った一冊。

長嶺超輝
裁判官の爆笑お言葉集

「死刑はやむを得ないが、私としては、君には出来るだけ長く生きてもらいたい」。裁判官は無味乾燥な判決文を読み上げるだけ、と思っていたら大間違い。個性あふれる肉声を集めた本邦初の裁判官語録。

佐藤明男
なぜグリーン車にはハゲが多いのか

デキる男は薄毛が多い――。こんな嘘のような法則が医学的根拠に裏付けられている。なぜ人はハゲるのか。どうしたら抜け毛を止められるのか。薄毛治療の第一人者が髪にまつわる謎を解く。

幻冬舎新書

本橋信宏

心を開かせる技術

AV女優から元赤軍派議長まで

人見知りで口べたでも大丈夫！　難攻不落の相手の口説き方、論争の仕方、秘密の聞き出し方など、大物、悪党、強面、800人以上のAV女優を取材した座談の名手が明かす究極のインタビュー術!!

川崎昌平

ネットカフェ難民

ドキュメント「最底辺生活」

金も職も技能もない25歳のニートが、ある日突然、実家の六畳間からネットカフェの一畳ちょいの空間に居を移した。やがて見えないところで次々に荒廃が始まる——これこそが、現代の貧困だ！　実録・社会の危機。

鈴木大介

最貧困女子

「貧困女子」よりさらにひどい地獄の中でもがいている女性たちがいる。「貧困連鎖」から出られず、誰の助けも借りられず、セックスワーク（売春や性風俗業）をするしかない彼女たちの悲痛な叫び！

六辻彰二

世界の独裁者

現代最凶の20人

世界には金正日よりも、カダフィよりも暴虐な独裁者がたくさんいる。21世紀の独裁国家の支配者20人の素顔を暴き、緊迫する現在の国際情勢を読み解く一冊。